1

Partendo per questa nuova avventura che parla di denaro, economia, finanza e del valore attribuito a queste categorie dall'uomo, ho dentro di me l'emozione di un esploratore che si mette in viaggio verso mete sconosciute. Se avrete il piacere e la pazienza di seguirmi in questo viaggio di apprendistato e di conoscenza scopriremo insieme nuovi orizzonti e condivideremo dubbi, studio, ragionamenti e soluzioni.

È un viaggio nella storia del denaro, del valore che gli è stato attribuito dall'uomo nelle varie epoche, una ricerca dei centri decisionali e di potere che gestiscono l'economia e la finanza.

È un percorso utile a capire i meccanismi economici e psicologici che ne determinano l'uso.. È un'esplorazione della sfera economica della personalità umana, con le sue spinte verso l'innovazione, il benessere e il progresso, ma è anche una discesa nelle più terribili abiezioni che un uso distorto del denaro produce sull'animo umano e delle sofferenze che genera.

L'uomo economico tra vizi e virtù

Lavoro, denaro, speculazione

Introduzione

Introduzione

Quando ho davanti il primo foglio bianco in cui mi accingo a riportare idee, ragionamenti, progetti relativi all'argomento sul quale ho scelto di scrivere, mi pongo il problema dell'utilità delle considerazioni che svilupperò.

Mi sostiene la certezza di non avere interessi precostituiti da portare avanti e di scrivere quello che il *cuore* e l'intelligenza mi suggeriscono.

Anche per questa nuova avventura che parla di denaro, economia, finanza e del valore attribuito a queste *categorie* dall'uomo, ho dentro di me l'emozione di un esploratore che si mette in viaggio verso mete sconosciute e inimmaginabili.

Se avrete il piacere e la pazienza di seguirmi in questo viaggio di apprendistato e di conoscenza, scopriremo insieme nuovi orizzonti e condivideremo dubbi, studio, ragionamenti e soluzioni.

È un viaggio nella storia del denaro, del valore che gli è stato attribuito dall'uomo nelle varie epoche, una ricerca dei centri decisionali e di potere che gestiscono l'economia e la finanza.

È un percorso utile a capire i meccanismi economici e psicologici che ne determinano l'uso.

È una presa di coscienza che aiuta a saper consumare, risparmiare ed investire con cognizione.

È un'esplorazione della sfera economica della personalità umana, con le sue spinte verso l'innovazione, il benessere e il progresso, ma è anche una discesa nelle più terribili abiezioni che un uso distorto del denaro produce sull'animo umano e delle sofferenze che genera.

Il primo capitolo è dedicato alle peculiarità legate alla sfera economica della personalità umana. Partendo dall'analisi degli impulsi legati all'istinto di sopravvivenza e al soddisfacimento dei bisogni primari, si giunge a delineare un sistema di valori e qualità che aiutano l'uomo nel cammino verso la conoscenza ed il progresso.

Il secondo capitolo delinea le conseguenze sull'uomo di un mondo che cambia a velocità esponenziale. Si parla di democrazia, cultura, genetica, intelligenze artificiali, economia circolare.

Il terzo capitolo è un viaggio nella storia dei soldi, dai primordiali sistemi di contabilità alle prime monete e all'utilizzo dei metalli preziosi come strumenti di riferimento per gli scambi commerciali. Vengono delineati i più importanti cambiamenti avvenuti nel corso dei secoli, dall'equilibrio aureo al sistema finanziario dei giorni nostri.

Il quarto capitolo cerca di delineare, all'interno dello scacchiere internazionale, quali Stati detengono il potere economico e come stanno mutando gli equilibri.

Il quinto capitolo è incentrato sulle politiche delle multinazionali e su come queste politiche influenzano le decisioni politiche ed economiche dei governi.

Il sesto capitolo affronta i temi legati alla rivoluzione tecnologica, al lavoro, ai servizi e alle professioni. Viene analizzato come i *robot* e i *software* sostituiscono il lavoro umano, si mette all'attenzione del lettore quanto sia diffuso lo sfruttamento del lavoro minorile e si conclude parlando dei mutamenti nell'organizzazione socio economica.

Il settimo capitolo è un invito a riscoprire, attraverso le idee e le teorie di alcuni dei più importanti economisti, le virtù e i valori che rendono la vita degna di essere vissuta.

Non ci è dato sapere se questo avverrà e ci lasciamo con un interrogativo irrisolto: l'uomo sarà capace di ripristinare, attraverso le istituzioni che governano l'economia e la finanza, il corretto utilizzo del denaro, convogliando i flussi di investimento verso l'operosità, invece che utilizzarli a fini speculativi?

Il pensiero dei grandi economisti del passato testimonia che l'economia, senza i valori di giustizia sociale, trasparenza ed operosità, diventa speculazione, alienazione e sfruttamento.

Capitolo primo

Peculiarità legate alla sfera economica della personalità umana

L'istinto di sopravvivenza

La Terra non è un paese per vecchi. Parafrasando il titolo di un film di successo che scrutava la società americana, tra violenza e ingiustizie, desidero mettere in risalto le difficoltà che l'uomo ha affrontato, nel corso della sua evoluzione, per sopravvivere ad una natura ostile e imprevedibile. Specie come i dinosauri ed i mammut, ben più forti dell'uomo, si sono completamente estinte, vinte dal mutamento delle condizioni climatiche e ambientali. Altre hanno continuato, a migliaia, ad estinguersi nel corso dei secoli. L'uomo deve la sua sopravvivenza all'ingegno, alla creatività e alla sua adattabilità ad ogni clima. L'istinto di sopravvivenza opera a vari livelli: di specie, di popolo, di clan, familiare, personale. La ricerca e la creatività sono a vantaggio della specie quando le scoperte scientifiche, tecnologiche e più in generale le opere di ingegno vengono messe a disposizione di tutta l'umanità; sono invece rivolte ai fini di supremazia quando perdono la loro universalità.

L'uomo ha dalla sua una straordinaria capacità di adattamento ad ogni condizione climatica e ad ogni ecosistema in cui è inserito. Ma ciò che maggiormente lo aiuta a progredire nella comprensione della natura e a migliorare le condizioni di vita sono la creatività, l'operosità e la spiritualità.

Queste tre componenti peculiari della personalità umana ci portano alla scoperta della *dimensione uomo*.

Una dimensione del tutto originale, rispetto agli altri esseri viventi, che ha consentito alla specie umana di evolversi da uno stadio contrassegnato da capacità elementari a livelli di comprensione e di espressione artistica e spirituale stupefacenti.

L'istinto di sopravvivenza è comune a tutte le specie viventi, ed è completato dall'istinto di procreazione e di protezione della specie. Nell'uomo questi istinti possono assumere connotati pericolosi quando sono volti a considerare gli interessi particolari al di sopra della salvaguardia della dignità di ogni creatura vivente. Nella storia dell'uomo è accaduto molto spesso che, per sete di potere o di ricchezza, si siano considerati la natura e gli altri uomini come mezzi per raggiungere i propri scopi. Si sono messe da parte la saggezza e l'empatia per abbracciare la violenza ed il sopruso. Sappiamo bene quante sofferenze questi egoismi hanno recato all'umanità e quanti sacrifici, guerre e sangue sono stati necessari per sconfiggere le dittature e gli imperi nati dalla sete di ricchezza e di potere.

La paura accompagna il bambino fin dalla prima infanzia, ed è utile per strutturare la visione del mondo minaccioso che lo circonda e per evitare o affrontare consapevolmente i pericoli.

Il cervello umano ha due modalità di pensiero. La prima è rapida e quasi automatica, legata alla velocità di risposta e all'istinto di sopravvivenza. La seconda è riflessiva ed analitica legata allo sviluppo della comprensione e della creatività. È utile imparare a distinguere queste due modalità per superare paure immotivate, pregiudizi e conformismi.

Per spiegare le motivazioni legate all'istinto di sopravvivenza un economista inglese del secolo XIX, Thomas Malthus, sosteneva che la causa della competizione tra le specie è insita nella scarsità di risorse disponibili. Ciò determina una lotta continua, per aver accesso alle risorse migliori, sia come qualità che come quantità. La capacità di procurarsi le risorse migliori accresce la possibilità di sopravvivenza e di evoluzione.

Da queste tesi Charles Darwin trasse conforto ai suoi dubbi sulle conclusioni delle ricerche da lui svolte. Dopo più di 20 anni di indecisioni si convinse della bontà della teoria dell'evoluzione che aveva elaborato

e decise di dare alle stampe *L'origine delle specie.*
Nel corso dei millenni l'uomo si è evoluto da creatura
primordiale in essere pensante, capace di straordinarie
scoperte scientifiche e di meravigliose creazioni
artistiche.

I bisogni primari

Le principali spinte interiori che concorrono a
determinare le scelte comportamentali dell'uomo sono
riconducibili al soddisfacimento dei bisogni primari,
al sistema dei valori che dà significato all'esistenza e
all'insieme delle esperienze e delle conoscenze che
circoscrivono le possibilità concrete di rispondere in
modo adeguato alle necessità.
Lo psicologo americano Abraham Harold Maslow
(1908-1970), che ha svolto ricerche in ambito
motivazionale, ha concepito la teoria della *gerarchia
dei bisogni.*
La *piramide delle aspirazioni* di Maslow si compone
di cinque livelli:
I bisogni primari (o fisiologici) legati alla
sopravvivenza (fame, sete, sonno, desiderio sessuale)
e funzionali al benessere fisico dell'individuo.

Secondo il principio di sopravvivenza, i bisogni fisiologici sarebbero i primi a dover essere soddisfatti; Al secondo livello si colloca il bisogno di sicurezza (appartenenza, stabilità, protezione e dipendenza) che entra in gioco nel processo evolutivo individuale e sociale;

Al terzo livello troviamo il bisogno di affetto, l'esigenza di sentirsi accettato, apprezzato ed amato dalla propria cerchia familiare e sociale;

Al quarto livello si colloca il bisogno di stima che consiste nella percezione del *valore* che la società attribuisce all'attività svolta dall'individuo;

Al culmine della piramide si colloca il bisogno di auto realizzazione, il desiderio di riuscire a raggiungere le proprie aspirazioni.

Secondo Maslow per riuscire a realizzarsi pienamente sono necessari: realismo, accettazione di sé, spontaneità, capacità di concentrazione sui problemi, creatività, originalità, senso dell'ironia.

In sintesi esistono tre categorie principali nelle quali classificare le motivazioni umane:

Primarie: bere, mangiare, dormire, impulsi sessuali;

Secondarie: sono i bisogni legati alla socializzazione: il confronto, la competizione, la capacità di agire insieme, il raggiungimento del successo;

Motivazioni di livello superiore: sono quelle che riguardano il sistema dei valori di riferimento, la realizzazione delle aspirazioni personali, la piena espressione della propria affettività, la valorizzazione delle potenzialità creative.

L'approccio di Maslow è stato quello induttivo, basato sull'esperienza antropologica e psicologica.

Uno degli aspetti più importanti della ricerca di Maslow consiste nel sottolineare i *vincoli derivanti dalla nostra struttura genetica*. I bisogni umani poggiano su un substrato biologico, formatosi attraverso millenni di esperienze e di adattamento all'ambiente circostante.

Le principali critiche che possono essere mosse alla teoria della gerarchia dei bisogni riguardano la rigidità del modello piramidale, che presuppone una gerarchia dei bisogni, che spesso non trova riscontro nei comportamenti dell'uomo. L'uomo, in determinate circostanze della vita, si trova a dover scegliere tra la soddisfazione dei bisogni primari e l'affermazione dei valori e dei principi morali in cui crede. Sono molteplici nella storia dell'umanità gli esempi di comportamenti che hanno anteposto l'affermazione dei principi di giustizia, pace e libertà al soddisfacimento dei bisogni più elementari. Gli scioperi della fame di uomini come Gandhi e Mandela hanno indicato ai loro popoli una via pacifica per vincere la dittatura. L'umiltà e lo spirito di servizio di Francesco di Assisi e dei suoi confratelli sono esempi di come l'amore per i più umili e sofferenti può vincere gli egoismi.

Per completezza di analisi è utile sottolineare che spesso le scelte vengono operate in base all'emotività del momento piuttosto che a una valutazione attenta di tutte le varianti possibili.

L'operosità

Le qualità che aiutano l'uomo nel cammino del progresso sono molteplici: tra queste hanno grande importanza l'operosità, la parsimonia, la creatività e la spiritualità. In questo libro che parla dell'aspetto economico della personalità umana focalizzerò l'attenzione sull'operosità e sulla parsimonia.

Operosità deriva dal latino *operositas* ed è la qualità di chi lavora con costanza, ingegno ed impegno per procurarsi i mezzi di sussistenza e per migliorare le condizioni economiche della società in cui opera. L'agire operoso contiene in sé il germe dello sviluppo equilibrato della società. Chi mette impegno ed entusiasmo nel lavoro ha un atteggiamento aperto verso la comunità in cui opera e desidera vederla crescere in armonia e pace. Essere inseriti in una società democratica, che ascolta ed aiuta le aspirazioni dei cittadini, offre un grande aiuto anche all'imprenditore privato, che si trova ad operare in un contesto sociale dove tutti possono competere alla pari. Le società che inglobano posizioni di privilegio e di oligopolio sono invece fonte di continue ingiustizie e diseguaglianze.

L'operosità acquista valore sociale ancora maggiore, se è associata ad un atteggiamento cooperativo in cui l'imprenditore si sente parte di un sistema paese, che lo supporta nel far conoscere i suoi prodotti e ne agevola l'esportazione sui mercati esteri. Il sistema paese opera in modo ottimale se riesce ad inglobare le spinte corporative e a farle operare in un contesto ordinato ed armonico. È fondamentale che i governi e le comunità agiscano per migliorare la coesione sociale interna ed internazionale. Una società che pone il benessere di tutti come obiettivo prioritario ha in sé i germi per respingere ogni deriva autoritaria.

Il comportamento cooperativo spesso appare in contrasto con il semplice calcolo economico costi-benefici. Ma a pensarci bene è stato proprio l'atteggiamento cooperativo, al di là del mero vantaggio personale, a consentire la sopravvivenza della razza umana. Nei momenti più bui, la scelta di operare per il bene dell'umanità, a prescindere dal proprio tornaconto personale, dimostra la insopprimibilità della dignità umana.

Per questo l'operosità non può essere astratta dal contesto sociale in cui l'uomo vive. Colui che china il capo nascondendolo sotto la sabbia per non vedere le ingiustizie, e continua nel suo lavoro operoso forse rinuncia alla sua umanità per riuscire a sopravvivere, sperando in tempi migliori. Proprio questi uomini miti e rassegnati spesso hanno fornito aiuto, in circostanze drammatiche, a chi lottava contro la dittatura o ai soldati sbandati che tentavano di nascondersi.

L'operosità contadina ed operaia agisce in contesti familiari e sindacali che creano solidarietà. Vorrei prendere ad esempio le società operaie di mutuo soccorso che hanno fornito agli associati aiuto e solidarietà nei momenti di difficoltà.

Queste considerazioni portano ad interrogarci se l'uomo sia naturalmente dotato di un senso morale. La risposta ognuno la trova in se stesso. Vorrei solo far notare che l'operosità aiuta l'uomo a vivere in modo equilibrato, facendogli capire il valore del lavoro e l'impegno che è necessario metterci per svolgere pienamente il proprio ruolo nella società.

Senza una continuità nell'esercizio dell'operosità, parsimonia e generosità le iniziali spinte verso l'altruismo, la cooperazione, la solidarietà, tendono lentamente ad affievolirsi e subentrano l'egoismo e l'avarizia.

Siamo il frutto delle scelte che operiamo quotidianamente, solo saldando l'operosità imprenditoriale con quella degli operatori dell'inclusione sociale possiamo ambire a creare una società *operosa* nel senso più pieno. Uomini capaci di impegno personale e sociale, coscienti dell'importanza di una società competitiva, innovativa, aperta alle *contaminazioni* culturali e sociali.

Non operosità fine a se stessa ma inserita in un contesto sociale che ne amplifichi i meriti e li usi a vantaggio dell'intera collettività.

La parsimonia

Parsimonia e frugalità sono virtù di cui si è persa traccia nelle moderne società industrializzate, nelle quali si esaltano i falsi *valori* del consumismo e dell'apparenza.

All'essere, inteso come volontà di realizzare sé stessi nella cultura, negli affetti, nella creatività e nella spiritualità, si sostituisce l'avere in una rincorsa senza fine all'ultimo *gadget* tecnologico ed elettronico.

Le immagini delle *bidonville,* della violenza e dello sfruttamento dell'uomo sull'uomo sono ovattate dagli schermi televisivi ed appaiono lontane e quasi irreali.

Solo quando la morsa della crisi finanziaria ha investito gli Stati Uniti e l'Europa, con la perdita di decine di milioni di posti di lavoro, si è iniziato a capire quanto fosse illusorio pensare che i privilegi dei paesi occidentali potessero durare per sempre.

In pochi anni è cambiato completamente lo scenario internazionale, ma rimane difficile cambiare l'approccio culturale creato dalle multinazionali, interessate solamente ad indurre nuovi consumi per poter continuare a *macinare* profitti.

L'atteggiamento più diffuso è quello dell'incredulità, della rabbia, dell'aggrapparsi ad ogni possibile appiglio. Molti non esitano a chiedere prestiti e mutui per soddisfare i *capricci* del momento. Altri, ai margini della società, non hanno più speranze e spengono ogni illusione sotto le continue *docce fredde* cui non possono sottrarsi. Il lavoro diventa precario e mal retribuito, per mantenerlo spesso non bastano turni massacranti e straordinari mal pagati. Il lavoro nero assume dimensioni non controllabili e i *caporali* reclutano i moderni schiavi, privi di ogni tutela.

Questo è il quadro della società che ci circonda. Da questa situazione è difficile uscire senza recuperare i valori della parsimonia e della frugalità che devono valere per tutta la comunità. Chi occupa posizioni di potere politico ed economico è chiamato a dare il buon esempio. I tanti privilegi che hanno affossato la nostra Italia devono scomparire se vogliamo ripristinare una società equa e solidale.

Chiaramente chi detiene il potere e i privilegi è disposto ad ogni forma di resistenza per non perderli. Spetta quindi ai cittadini, con una presa di coscienza collettiva, ridare fiato alla democrazia e alla giustizia sociale. Una rivoluzione pacifica, che partendo dalla base, dia vita ad un rinascimento democratico basato sullo spirito di servizio e sulla trasparenza dei comportamenti.

Gli interventi da effettuare sono molteplici: riduzione del numero dei dirigenti e dei loro emolumenti, riduzione degli sprechi nella gestione del denaro pubblico, concorsi seri in cui non viene favorito il raccomandato, lotta all'evasione fiscale.

In questo contesto le parole parsimonia e frugalità riassumerebbero in pieno il loro valore, ripristinando un corretto funzionamento di tutta l'economia.

Inutile illudersi che vi siano formule miracolose, come quella della crescita senza fine, che ci conducano fuori dal tunnel. Le uniche alternative sono un ulteriore stretta fiscale nei confronti di chi già paga le tasse oppure un drastico cambiamento nella gestione del denaro pubblico.

Altre civiltà ed imperi sono arrivati all'implosione per l'incapacità di controllare i vizi ed i capricci delle proprie *elites*. Tra gli altri potremmo ricordare l'impero romano nell'epoca antica, la monarchia di Francia prima della rivoluzione francese, l'impero russo sotto gli zar.

Imperi ricchissimi ma incapaci di distribuire con equità le ricchezze.

Accogliere i valori della parsimonia e della frugalità è una scelta di vita che arricchisce chi la compie, dona serenità allo spirito e libera dai mille affanni del consumismo fine a se stesso. Contribuisce a creare una società che offre opportunità a tutti, nella quale si è disposti a rinunciare al superfluo per non togliere il necessario ad altri uomini. In un mondo di risorse limitate ciò che spreca uno, causa fame e sofferenza all'altro.

Innovazione e progresso

Il cammino dell'uomo sulla via della conoscenza segue alcune fondamentali scoperte, che hanno apportato miglioramenti significativi delle condizioni di vita.

La prima è la *cattura* del fuoco, databile a un milione di anni fa, che ha permesso all'uomo di riscaldarsi e di cuocere il cibo.

La seconda è l'introduzione dell'agricoltura e della pastorizia che hanno favorito le prime forme di comunità stanziali, eliminando la necessità di seguire gli spostamenti degli animali selvatici per procurarsi il cibo. Le più antiche civiltà si sono sviluppate intorno alle vallate di grandi fiumi quali il Tigri, l'Eufrate, l'Indo e il Nilo.

Queste prime civiltà stanziali, per gestire adeguatamente la crescente complessità dei rapporti sociali e degli scambi commerciali, hanno dato vita alle prime forme di scrittura e di conio delle monete.

La civiltà greca ha affinato la capacità di ragionamento e di creatività artistica. L'impero romano è riuscito a fare sintesi politica, economica ed artistica del mondo antico, lasciando in eredità all'umanità la lingua latina e le opere di ingegno dei suoi artisti ed ingegneri.

Bisogna attendere il 1800 perché si concretizzi un'altra grande invenzione, capace di favorire un nuovo balzo in avanti dell'umanità.

Si tratta del motore, una macchina in grado di trasformare una sorgente di energia (chimica, elettrica o termica), in energia meccanica.

I principali tipi di motore che sono stati sviluppati sono: la macchina a vapore (utilizzata nella prima rivoluzione industriale), il motore a combustione interna (utilizzato dall'industria automobilistica), i motori a getto (utilizzati dall'industria aeronautica), i motori a razzo (utilizzati per i voli spaziali).

Infine, nel secolo XX sono state introdotte tre innovazioni molto importanti per l'uomo.

La prima è la scoperta e l'introduzione dei farmaci antibiotici per la cura di una vasta gamma di malattie.

Si definisce antibiotico (ne sono stati individuati a decine) una sostanza di origine naturale prodotta da un micro organismo che è capace di agire contro i batteri pericolosi per la salute dell'uomo.

La seconda grande invenzione fatta nel XX secolo è la radiotelevisione, che permette il diffondersi della cultura, delle notizie e degli spettacoli capillarmente e in tempo reale.

Terza, ed ultima in ordine di tempo, è stata la capillare diffusione dei computer e di internet, che sta modificando profondamente l'organizzazione commerciale, di marketing e di produzione delle aziende. Non meno importanti sono le ricadute per le persone, giovani in particolare, la cui vita privata e lavorativa dipende sempre più dalla rete e dalla connessione.

L'imprenditorialità

Nel corso dei millenni sono cambiate le tecniche produttive e commerciali ma gli elementi caratteristici del fare impresa sono rimasti immutati. Oggi come ieri occorrono il lavoro, i fattori produttivi, la capacità negoziale e assumersi il rischio inerente all'attività svolta.

Con il trascorrere del tempo le spese inerenti alla conduzione dell'impresa si sono fatte sempre più elevate, a causa della crescente complessità organizzativa, del costo della mano d'opera e dei macchinari utilizzati.

I costi crescenti hanno determinato la necessità da parte degli imprenditori di rivolgersi ai capitalisti, *in primis* le banche, per ottenere finanziamenti.

È in questa dicotomia tra impresa e capitale che si realizza la frattura tra operosità, rivolta a produrre beni e servizi a favore della collettività, e cupidigia, rivolta a massimizzare il profitto che si può trarre dal capitale accumulato.

L'imprenditore desidera che ciò che produce sia apprezzato dal consumatore. Per rendere possibile questo gradimento l'azienda deve essere organizzata in modo da tendere al continuo miglioramento dello standard produttivo, deve contenere i costi, scegliere attentamente le materie prime e le tecniche produttive, deve essere pronta ad adeguarsi alle richieste del consumatore, cambiando e personalizzando le merci ed i servizi.

Per funzionare correttamente l'azienda non può essere strutturata per compartimenti stagni, ma ogni singola decisione deve essere verificabile e controllabile. La trasparenza nei comportamenti è una delle chiavi del successo di ogni attività umana, in campo sociale, economico ed affettivo.

Viviamo in un mondo che cambia a velocità esponenziale, rispetto al passato. Oggi le aziende per poter esprimere tutte le loro potenzialità devono avere la capacità di fare dell'innovazione, della creatività e della ricerca il perno della loro attività.

Altro aspetto di particolare importanza, per permettere la durata nel tempo di un'impresa economica, è quello di prestare particolare attenzione all'impatto che il ciclo di lavorazione riversa sull'ambiente circostante.

La scelta di cicli di lavorazione compatibili con l'equilibrio ambientale è importante non solo per la salute dei consumatori, ma anche per evitare i costi crescenti derivanti dalle bonifiche ambientali.

In un paese come l'Italia, che basa la sua economia sull'export di prodotti di pregio e sul turismo, la ricerca della qualità è indispensabile per mantenere il fascino che il *made in Italy* continua ad esercitare nel mondo.

All'estero si meravigliano di come, tra tante carenze nei servizi pubblici, tanti sprechi e ruberie, i prodotti italiani continuino ad essere i preferiti in oltre mille articoli, che vanno dagli occhiali, all'abbigliamento, ai prodotti alimentari, ai vini, al caffè, ai dolciumi, agli yacht, alle auto di lusso, e a tante altre voci.

Il sistema dell'imprenditoria italiana continua ad esprimere eccellenza, ma il peso insostenibile delle tasse, la concorrenza sleale delle aziende che operano in nero o in condizioni di privilegio, l'evasione fiscale, i tempi interminabili della burocrazia, la chiusura dei rubinetti del credito, sono fardelli che diventano ogni giorno più difficili da sopportare.

La solidarietà

La solidarietà, nella sua accezione etica e sociale, è il rapporto di empatia e di reciproco sostegno che dovrebbe unire tutte le creature viventi. Nella realtà delle vicende economiche è difficile accostare economia e solidarietà. Parlando di economia si fa riferimento all'utilità, al prezzo in relazione alla penuria di un prodotto, agli interessi personali, alla proprietà, al capitale, al profitto, all'affermazione dei propri interessi.

I principi etici non sono estranei alle teorie economiche: dalla libertà di intraprendere alla creatività, dalla parità delle condizioni di partenza alla tutela dei diritti dei consumatori.

La solidarietà rimane però ai margini della teoria e della pratica economica, viene più considerata come una attitudine personale, un atto caritatevole, che poco ha da spartire con l'organizzazione di un'impresa o di uno Stato.

Di solidarietà si sono interessate le dottrine religiose e filosofiche.

Si è creata una frattura tra interessi economici e richiami spirituali, con una critica sociale, di denuncia delle ingiustizie e dello sfruttamento derivanti dalla ricerca ossessiva del massimo profitto a vantaggio di pochi.

Da parte sua l'*establishment* politico ed economico, ha spesso visto con diffidenza il diffondersi di tali critiche, cercando di tacitare le voci più ascoltate dal popolo.

I richiami alla solidarietà, alla cooperazione, alla sostenibilità sono stati osteggiati e derisi dai latifondisti, delle multinazionali, dai politicanti corrotti.

Una presa di coscienza del valore dell'economia solidale si è avuta col discorso pronunciato da papa

Giovanni Paolo II nel 1987, in occasione del viaggio pastorale in America Latina, nel quale parlò della grande importanza *dell'economia della solidarietà,* affermando che in essa... *riponiamo tutte le nostre più grandi speranze per l'America Latina.*

Tale auspicio è fondamentale per la piena presa di coscienza da parte dei popoli della valenza economica delle molteplici attività sviluppate in ambito solidale e cooperativo, per affrancarsi dall'abbraccio soffocante dei latifondisti e delle multinazionali.

Una economia che basa le sue scelte unicamente sull'aumento del Prodotto Interno Lordo senza tener conto della distribuzione sociale della ricchezza, dei costi per il patrimonio ambientale e della tutela degli interessi e della salute dei cittadini conduce, inevitabilmente, a conflitti sociali devastanti.

La ricerca della qualità

Tra i valori più importanti connessi all'impegno economico dell'uomo vi è, senza ombra di dubbio, la ricerca della qualità dei prodotti e dei servizi, ottenuti tramite il lavoro e successivamente offerti sul mercato.

L'uomo è stato abile nell'affinare, secolo dopo secolo, le tecniche produttive in agricoltura, nell'industria e nei servizi.

La sopravvivenza della specie umana e la sua crescente longevità derivano da una nutrizione più attenta e variata e dal miglioramento della qualità della vita.

Abitazioni più salubri, sanità in grado di sconfiggere malattie prima incurabili, miglioramento delle condizioni lavorative, hanno contribuito ad innalzare l'asticella dell'età media.

Questo salto di qualità non è stato però generalizzato e a beneficiarne sono solamente i fortunati che hanno la possibilità di accedere ai beni e ai servizi migliori. Vasti strati di popolazione dei paesi sottosviluppati del terzo mondo sono costretti a vivere sulla soglia della sopravvivenza, esclusi dalla possibilità di cibarsi correttamente e di curarsi. La crisi iniziata nel 2008 ha colpito anche i paesi più ricchi, svuotando di contenuti lo stato sociale, facendo perdere casa e lavoro a milioni di famiglie, riportando indietro l'*orologio* del benessere collettivo di decenni.

Paesi quali Cina, India, Messico, Indonesia, hanno iniziato a crescere a ritmi molto più elevati dei paesi occidentali.

L'unico baluardo che ancora rimane al mondo occidentale per resistere all'attacco portato dalle produzioni a basso costo e dalla ricchezza di risorse naturali dei paesi emergenti è la qualità delle merci e dei servizi che sono in grado di offrire.

La qualità ha una doppia valenza: migliorare la qualità della vita ed invogliare i consumatori a scegliere i prodotti migliori.

Scendendo nel concreto, prodotti come il parmigiano, il prosciutto crudo, i vini, l'olio guadagnano in bontà e in gradimento se vengono lavorati con tecniche produttive attente ad ogni dettaglio del ciclo di lavorazione. Stesso discorso si può fare per i prodotti per la casa, per il tempo libero, per lo svago.

La ricerca della qualità non può che essere *a tutto campo*, ed abbracciare ogni aspetto del ciclo produttivo, dalla scelta delle materie prime fino al marketing più opportuno per pubblicizzare prodotti e servizi.

Sarebbe illusorio pensare di aver già raggiunto il *top*, e di non poter più fare nulla per migliorarlo. La società globalizzata di oggi corre così velocemente che chi si ferma a pavoneggiarsi è già in pericolo, perché altri lavorano alacremente per superarlo.

Un esempio di eccellenza del *made in Italy* che dura nel tempo è il marchio Ferrari, azienda attenta ad ogni dettaglio che privilegia il prodotto quasi artigianale e non si accontenta mai dei risultati raggiunti. L'azienda diventa partecipativa ed ognuno assume un ruolo prezioso e responsabile nella realizzazione del prodotto finito.

Pur facendo parte di un grande gruppo internazionale, la Ferrari mantiene al suo interno un forte spirito aziendale, nel quale ci si sente fieri di far parte di una squadra vincente e si opera attivamente per migliorare continuamente le autovetture offerte.

Migliaia di altre aziende italiane lottano ogni giorno per continuare a mantenere le posizioni di prestigio che hanno saputo conquistare sui mercati internazionali. A queste aziende va il plauso, e spesso anche l'invidia, di tanti operatori stranieri, che non riescono a raggiungere la qualità dei nostri prodotti.

Vorremmo che questi sforzi fossero maggiormente incoraggiati ed apprezzati da quanti determinano gli indirizzi di politica economica del nostro paese e dagli istituti di credito.

Vorremmo che anche nella tutela del patrimonio ambientale ed archeologico si introducessero strumenti e metodi di lavoro che aiutino la passione ed i sacrifici degli operatori più responsabili.

La qualità della vita dipende dal contesto economico, sociale, ambientale e culturale in cui siamo inseriti ed è interesse prioritario migliorarla giorno per giorno con una testimonianza attiva ed un impegno costante.

Il rapporto tra uomo e denaro

Nella moderna società, globale e tecnologica, si è perso il primato dell'industria e dell'agricoltura, superate per fatturato e per numero di addetti dal settore terziario.
Con l'affermarsi delle attività legate al tempo libero, al divertimento, ai sevizi più vari, cambia anche il modo in cui l'uomo vive il rapporto con il denaro.
La divisione sempre più marcata tra lavoro e capitale, le attività sempre più numerose che offrono servizi invece che merci, la robotizzazione nelle fabbriche e nei campi, allontanano l'uomo dalla sfida diretta con la natura per procurarsi i mezzi di sopravvivenza.
Oramai è il denaro che regola ogni aspetto della vita economica. L'uomo non ha più il contatto diretto con

la realtà produttiva, la maggior parte dei prodotti di largo consumo arriva da paesi lontani come Cina ed India. In questi paesi il lavoro è pagato molto meno che nelle imprese occidentali, inoltre viene ampiamente usato il lavoro minorile in condizioni spaventose.

La conseguenza più evidente, che deriva dalla supremazia del terziario, è insita nel cambiamento che ha portato nel modo di pensare dell'uomo.

Il rapporto uomo-denaro assume un'altra dimensione, le aziende del terziario concentrano i loro sforzi nell'indurre bisogni e desideri. Superati i bisogni primari , legati all'alimentazione, si creano attese e desideri su oggetti e servizi sponsorizzati. Il marketing e la pubblicità usano strumenti, sempre più sofisticati, per orientare il mercato. Fashion, vintage, vogue, charme, sono il metro che misura il successo. Tutto può essere acquistato usando il denaro: viaggi, oggetti, piacere, perfino le parti usurate del nostro corpo.

Diventa sempre più difficile difendersi dal mito che la ricchezza è la base della felicità. Il dio denaro è il mito del nostro tempo e chi lo possiede è invidiato ed imitato.

Il valore dell'uomo viene giudicato in base al denaro che possiede, così diventa lecito ogni sotterfugio e bassezza, quando si intravede la possibilità di procurarselo.

L'uomo diventa ad una dimensione, quella economica, sentimenti ed affetti vengono sacrificati al desiderio di accumulare soldi. I soldi si concentrano sempre più nelle mani di pochi, mentre agli altri non resta che assistere da lontano al *circo* del lusso e del divertimento mondano.

Nessuno però vuole rassegnarsi a restare ai margini dello spettacolo della vita, e pur di parteciparvi si è disposti a tutto.

A vendere il proprio corpo in cambio di denaro, ad indebitarsi sempre più per *restare sull'onda*, ad evadere le tasse, imbrogliare, rubare.

È facile capire quanto vuoto interiore e sofferenza derivi da questo modo di essere, tutto concentrato su sé stessi e su quello che si possiede.

Si perde ogni contatto col mondo degli affetti, immersi nella paura di perdere ciò che si possiede ed incapaci di aprire il cuore a chi incontriamo.

Insicurezza, solitudine, frustrazione, mancanza di affetti, di solidarietà e di serenità. Vale davvero la pena vivere una vita così vuota per inseguire la via del denaro?

Eppure non è impossibile un cambiamento individuale e sociale. La ricetta giusta per fare pace con sé stessi è riposta nella riscoperta della propria umanità, nel sentirsi parte di un'unica grande famiglia globale, nel rispettare la natura, nel gioire delle piccole cose.

Forse sono utopie, considerate le ingiustizie e le sofferenze che ci circondano.

Anche un uomo invisibile, lontano dalle luci del successo e del denaro, un piccolo granellino di sabbia nel deserto, è prezioso se riesce ad esprimere l'umanità che è in lui.

Il rapporto uomo-denaro corre su un filo sottile appeso al vuoto; se non si mantiene l'equilibrio si cade in un pericoloso vortice nel quale si perde il contatto con la realtà.

Il rischio è finire vittime dell'avarizia, dell'egoismo, della vacuità, del consumismo sfrenato, del vuoto esistenziale.

Libero arbitrio?

Nell'*excursus* del capitolo abbiamo brevemente delineato le qualità e le virtù che fanno parte della natura umana, in particolare quelle dell'*homo oeconomicus*.

L'uomo ha in dono la libertà di scegliere se coltivarle, risvegliarle, valorizzarle o lasciarle sonnecchiare dentro di sé. Queste qualità e virtù sono come lumicini, la cui fiamma va continuamente alimentata e protetta. Se vengono trascurate ed oscurate con scelte egoistiche, orientate al possesso, si spengono dando origine ad insoddisfazione e sofferenza interiore.

La domanda che sorge spontanea, di fronte alle considerazioni sul libero arbitrio, è quanto sia reale ed effettiva la libertà di scelta dell'uomo. Sappiamo bene che la vita riserva ad ognuno prove molto difficili che rischiano di indurire i cuori. Di fronte alla malattia, alla povertà, alla schiavitù morale e materiale è possibile compiere scelte libere, orientate alla valorizzazione delle qualità e delle virtù che possediamo?

È un interrogativo che attraversa la vita di ciascuno di noi, a cui ognuno dà una sua personale risposta. La risposta a questa domanda è la sintesi del valore della vita. Quanto maggiori sono le difficoltà, tanto maggiori sono i meriti di chi non si piega e testimonia con coraggio la scelta di pensare ed operare per il benessere dell'umanità intera.

Solo scavando nella profondità della *psiche* umana, possiamo capire come sia stato possibile per l'uomo evolversi dalla sua condizione primitiva, quando traeva nutrimento dalla caccia e dagli arbusti, fino a giungere alla società globale ed ipertecnologica di oggi.

Ci apprestiamo a intraprendere un viaggio che, parlando delle insidie che l'uomo incontra ogni giorno sulla via della sopravvivenza e della conoscenza, ci permette di esplorare i meandri dell'intelletto umano. Un viaggio alla ricerca degli istinti primordiali e dei *marcatori* sociali che condizionano le scelte che si compiono.

Nel corso dell'esposizione, ci troveremo di fronte a un organizzazione economica sempre più complessa, governata da *burattinai* abili e spietati, che giocano a muovere i fili della speculazione, alla ricerca delle migliori opportunità per trarre i più alti profitti. *Profitto*, che parola tremenda, quando implica profittare degli altri, usarli per i propri scopi e depredarli senza pietà.

L'uomo è solo un *granellino pensante* inserito in un Universo talmente vasto da non riuscire a dargli una grandezza definita, ma quanta meraviglia desta la sua capacità di penetrare sempre più a fondo nella conoscenza dello spazio e delle sue leggi.

Perché non pensare che ogni vita abbia un valore unico ed insostituibile e che nessuna sarà mai uguale a quella che stiamo vivendo? Perché rassegnarsi a uno sviluppo basato soltanto sul possesso e sullo sfruttamento e non lottare per creare una società nella quale la solidarietà e la fratellanza siano i valori condivisi?

Che senso ha rassegnarsi e piegare il capo senza tentare di capire e senza lottare per affermare i principi in cui si crede?

Che valore può avere una vita spesa ad accumulare ricchezze e potere, se poi non vengono utilizzati per far progredire l'umanità sulla via del benessere e dell'equità?

Quale angoscia invaderà i nostri cuori al pensiero di dover lasciare tutto al momento della morte e di aver causato dolore e sofferenza ad altri uomini, a causa della nostra avarizia?

Una serie di domande sulle quali è utile riflettere e meditare per evitare di cadere nella trappola del desiderio smodato di ricchezza, che pur non essendo un male in sé, diventa pericoloso quando è l'unica guida delle nostre azioni, superando il limite imposto dalla correttezza e dall'onestà dei comportamenti.

Capitolo secondo

Le conseguenze sull'uomo
di un mondo che cambia a velocità esponenziale

Il declino della democrazia e l'ascesa della plutocrazia

Un senso di sgomento ci pervade nell'osservare il declino della democrazia e l'ascesa della plutocrazia. Nella società attuale le 100 persone più ricche possiedono la stessa quantità di ricchezza della metà più povera della popolazione mondiale. La concentrazione della ricchezza, nelle mani di pochi super miliardari, determina un irreversibile indebolimento delle istituzioni democratiche a favore dei detentori della ricchezza, che utilizzano ogni possibile espediente per incrementare i guadagni. Diventa prassi consolidata spostare capitali e insediamenti industriali nei luoghi dove la tassazione e il costo del lavoro sono più favorevoli. I politici, per non essere emarginati e sostituiti, sono costretti a piegarsi agli interessi dei ricchi, ottenendo in cambio favori e privilegi, tanto da essere ormai considerati una casta. Gli ideali di onestà e di servizio alla comunità sono ormai considerati dei retaggi del passato da mettere in disparte. Sempre più spesso i super ricchi diventano leader politici per poter meglio tutelare i loro interessi economici. Il welfare state, nato sulle ceneri della seconda guerra mondiale, per tutelare le persone più bisognose, sta pesantemente arretrando in tutte le democrazie occidentali, tanto da non garantire più il diritto alla salute, al lavoro e al benessere sociale. Di contro sui tavoli della finanza si combatte una lotta senza esclusione di colpi per accaparrarsi ricchezze e profitti. Non c'è posto per gli sconfitti che vengono emarginati e costretti all'indigenza. Il rapporto di Oxfam international, Working for the few, evidenzia che le politiche fiscali di quasi tutti gli Stati stanno trasformandosi da progressive a regressive al crescere della ricchezza. Questo fenomeno è favorito dalla grande facilità di spostamento dei capitali, che volano in un click verso i paesi che offrono le condizioni migliori. L'automazione cresce in modo esponenziale e trasforma il concetto stesso di lavoro umano che viene relegato a compiti sempre più sofisticati e altamente creativi, o a compiti di servizio e di intrattenimento. La classe operaia viene sostituita dalle catene di montaggio automatizzate, nelle quali robot sempre più sofisticati realizzano tutte le fasi del processo produttivo. Le periferie delle megalopoli diventano

39

sempre più rifugio di masse di diseredati privati di ogni dignità umana. In India, uno dei paesi a maggior crescita del prodotto interno lordo, negli ultimi dieci anni il numero dei miliardari è aumentato di dieci volte. Niente di male se non fosse che questo determina miseria e povertà per tanti altri esseri umani. La diseguaglianza crea una situazione conflittuale che si diffonde a macchia d'olio in tutto il mondo, già scosso da guerre, terrorismo e violenza. La conseguenza della concentrazione della ricchezza nelle mani di pochi è la perdita di fiducia negli ideali democratici e l'affermazione del razzismo, della mercificazione del corpo e del materialismo.

La sfida della cultura a disposizione di tutta l'umanità

La conoscenza, nell'era di internet, è diventata immediata e universale. Le notizie, i filmati e gli approfondimenti sono facilmente accessibili a tutti, grazie ai motori di ricerca come Google, alle enciclopedie on line come Wikipedia, a You Tube, ai siti specialistici.

Anche i rapporti sociali cambiano rapidamente a seguito dell'uso dei tablet, degli smartphone, di Facebook e degli altri social network.

I neuro scienziati hanno dimostrato recentemente la plasticità del cervello umano, una delle scoperte più straordinarie per le conseguenze che ne derivano. Il nostro cervello reagisce alle percezioni sensoriali esterne e agli stimoli creativi modificando la sua struttura e inglobando nella rete neurale le nuove esperienze.

Una società in continua evoluzione e con strumenti di conoscenza evoluti favorisce i cambiamenti nella struttura cognitiva e reattiva del nostro sistema nervoso.

Sicuramente non possiamo demonizzare i nuovi mezzi di comunicazione (TV, smartphone, tablet, visori), in quanto sono soltanto strumenti di conoscenza e divertimento. Il giudizio può vertere soltanto sull'utilizzo che si fa di questi strumenti. Esiste infatti una profonda differenza tra un uso creativo e intelligente e un uso alienante e disgregante.

Piuttosto sono la mancanza di luoghi di socialità e di aggregazione a favorire l'isolamento e l'alienazione dell'uomo contemporaneo. I social network sono luoghi di aggregazione virtuale e possono solo affiancare, non sostituire gli incontri culturali e creativi, ove si sviluppa la socialità delle persone. Altro particolare non trascurabile è che i social network sono spesso concepiti a fini pubblicitari e propagandistici, ma questo può avvenire anche per i convegni e per le *convention* pubbliche.

Nella società contemporanea l'uomo trascorre la maggior parte del tempo isolato, davanti a un monitor. Questo crea, ancor più, la necessità di trovare dei momenti di socializzazione, quanto più costruttivi e liberi possibile. Una giusta fusione tra meditazione e comunicazione crea i presupposti per una sana crescita dell'individuo all'interno della società. La società sarà veramente democratica e libera soltanto se metterà a disposizione dei cittadini reali strumenti di partecipazione attiva e dinamica. La complessità del mondo in cui viviamo cresce a velocità esponenziale. Questo non deve spaventarci perché crea infinite possibilità di crescita alla conoscenza e al benessere umano. È auspicabile che queste nuove conquiste siano a disposizione di tutti, e non di piccole *elites* privilegiate.

Le sfide della genetica

Molte risposte ai quesiti sul libero arbitrio, sul funzionamento del nostro corpo, sulle leggi ereditarie stanno arrivando dagli studi sul genoma umano. Questo campo nuovissimo della medicina apre scenari inediti nella comprensione della struttura fisica e del comportamento degli uomini. I neuro scienziati fanno passi da gigante nelle ricerche portate avanti nei laboratori di tutto il mondo. La medicina è diventata, negli ultimi decenni, un business di dimensioni planetarie e la spesa sanitaria è ai primi posti nei bilanci pubblici della maggior parte degli Stati. Le multinazionali farmaceutiche e i centri universitari sono il fulcro della ricerca in campo sanitario. Vorremmo che almeno in questo campo, essenziale per la salute e il benessere dell'uomo, le scoperte non fossero utilizzate al solo fine di massimizzare i profitti. Sarebbe un momento importante per l'umanità se la prevenzione e le cure fossero a disposizione di tutti a costi accessibili. Come dicevano i romani per stare bene occorre una mente sana in un corpo sano, *mens sana in corpore sano.* Oggi la ricerca genetica ha raggiunto il risultato di poter operare sul genoma umano, modificandolo. In termini più semplici è possibile intervenire su porzioni di DNA sostituendole con varianti genetiche. Nel nascituro alcuni geni malati, che porterebbero a malformazioni o malattie, possono essere sostituiti con geni sani. Il *gene editing* comporta di trasmettere la nuova sequenza genetica al nascituro e alle generazioni future, creando una modificazione della specie. La modificazione genetica opera a tempo indefinito, fino a un nuovo intervento modificativo. Ovviamente questo cambiamento epocale pone dei problemi etici. Fino a quando la modificazione avviene per motivi di salute è lecito pensare che tutti siano favorevoli. La questione diviene più complessa quando ci si pone la domanda su quali siano i confini a cui si può arrivare nella modificazione genetica. Si può intervenire quando vi sia familiarità con l'alcol, le droghe, obesità? Al momento gli interrogativi etici hanno portato all'emanazione di una moratoria sul suo utilizzo. Come tutte le scoperte scientifiche le modificazioni genetiche sono soltanto uno strumento da utilizzare con attenzione e saggezza. La bontà di una tecnologia si misura da come viene utilizzata e dai suoi effetti sull'uomo. A tal proposito Dan MacArthur, professore di genetica all'università di

Harvard, ha *twittato*: *Previsione: i miei nipoti verranno da embrioni selezionati, in parte modificati, e per l'umanità non cambierà nulla, sarà come vaccinarsi.*

I rapporti tra uomo e intelligenze artificiali

In un capitolo successivo descriveremo i cambiamenti che la rivoluzione tecnologica apporta all'economia, al lavoro e alla vita sociale. Focalizziamo ora l'attenzione sulle conseguenze che questi cambiamenti hanno sulla mente umana.

Per migliaia di anni l'uomo ha dialogato soltanto con i suoi simili e tutte le scoperte scientifiche sono state frutto della sua mente. Con l'introduzione e la rapida evoluzione degli elaboratori elettronici questa realtà sta rapidamente cambiando. Le intelligenze artificiali interagiscono e spesso sostituiscono l'uomo in compiti sempre più complessi. L'uomo ormai collabora in modo indissolubile con le intelligenze artificiali. La sfida del futuro immediato sarà quella di fondere i progressi della scienza e della tecnologia con la comprensione delle regole morali che ne devono guidare l'applicazione. Le linee guida da seguire sono il rispetto della vita, del benessere, della creatività e della spiritualità di ogni uomo. Il fine del cambiamento non potrà quindi essere il mero calcolo del profitto, ma quello del benessere sociale che crea.

In modo sempre più rilevante l'intelligenza umana, tramite software, viene trasferita in macchine artificiali che non hanno le limitazioni fisiche legate all'età e alle malattie. Diviene così possibile esplorare mondi distanti dal nostro, elaborare miliardi di dati in pochi secondi, sviluppare robot pensanti, creare organi artificiali sostitutivi di parti del nostro organismo. Presto sarà anche possibile inserire il cervello umano in una macchina artificiale, divenendone il *dominus*.

La conoscenza, nell'era di internet, è diventata immediata e universale. Le notizie, i filmati e gli approfondimenti sono facilmente accessibili a tutti, grazie ai motori di ricerca come Google, alle enciclopedie on line come Wikipedia, a You Tube, ai siti specialistici.

Anche i rapporti sociali cambiano rapidamente a seguito dell'uso dei tablet, degli smartphone, di Facebook e degli altri social network.

Queste novità non sono neutrali per la mente umana e ne modificano la struttura, il ragionamento e le reazioni. Come tutti i mezzi, la tecnologia è solo uno strumento, l'uomo è libero di scegliere se diventarne schiavo o utilizzarla per migliorare la sua creatività. Fino a pochi decenni fa la società permetteva all'uomo di adagiarsi su una competenza settoriale cristallizzata, fino a farne il lavoro di tutta la vita. Oggi il cambiamento è talmente rapido che chi si attarda e indugia su competenze acquisite finisce inevitabilmente per essere superato dalle novità che viaggiano a ritmo esponenziale. L'uomo, abituato a essere un tassello inamovibile della macchina produttiva, diviene, da un giorno all'altro, un inutile residuo del passato da rottamare. Le conseguenze per la mente sono devastanti perché un senso di inutilità si impadronisce del suo subconscio e lo getta in uno stato di profonda depressione. Senza un aiuto esterno è quasi impossibile superare queste angosce. È la società che dovrebbe essere di stimolo al cambiamento, offrendo occasioni economiche e culturali di riscatto. Utilizzare la tecnologia come scusa per i licenziamenti di massa e per trasferire gli stabilimenti verso luoghi più economici di fatto svuota l'azienda della sua creatività, delle conoscenze intellettive e artigianali. Quello che appare come un aumento di profitto immediato è in realtà uno svuotamento dell'azienda che la porta verso il declino. La pubblica amministrazione e le aziende private hanno la grande opportunità di interagire in modo immediato e trasparente a vantaggio del mercato, dei lavoratori e dei consumatori. In questo mutamento esponenziale, potenzialmente ricco di opportunità per l'umanità, si rischia di dimenticare che senza dignità economica e sociale non esiste progresso.

Spersonalizzazione, alienazione, solitudine sono i grandi rischi che la società tecnologica porta in eredità, se non viene vissuta in modo attento e responsabile.

La sfida del secolo Kasparov contro Deep Blue

Anno 1996, la IBM progetta e costruisce un programma intelligente chiamato Deep Blue e lancia la sfida al campione mondiale di scacchi Garry Kasparov. Sulla carta la sfida in sei partite sembra impossibile per l'intelligenza artificiale.
Il 10 febbraio 1996 la sfida ha inizio a Filadelfia e si conclude con la convincente vittoria di Garry Kasparov per 4 punti a 2.
Incredibilmente Deep Blue immagazzina nel suo bagaglio di conoscenze le tecniche di gioco utilizzate durante le partite da Kasparov. La sfida viene lanciata nuovamente nell'anno successivo. L'11 maggio 1997 a New York la sfida corre sul filo del rasoio e si conclude incredibilmente con la vittoria di Deep Blue per 3 punti e mezzo contro 2 e mezzo. A questa vittoria fu attribuito un eccezionale significato simbolico. In meno di trenta anni dalla sua nascita, l'intelligenza artificiale aveva raggiunto e superato la capacità di analisi umana in un gioco complesso come quello degli scacchi. Da allora sono passati altri venti

anni e la tecnologia continua a fare progressi vertiginosi. Stiamo vivendo in un mondo magico che supera ogni fantasia, nel quale la mente umana utilizza l'informatica per moltiplicare le potenzialità che la scienza gli mette a disposizione. Tra breve saremo in grado di attingere materie prime e materiali finora sconosciuti su mondi lontani grazie all'ausilio di macchine intelligenti e di astronavi che viaggiano autonomamente.

Le nostre navicelle che viaggiano nelle galassie hanno già scoperto

migliaia di pianeti potenzialmente abitabili dall'uomo. Sono già disponibili organi umani realizzati con materiali sintetici per sostituire gli organi naturali deteriorati. Tra breve la tecnologia metterà l'uomo in condizione di attingere a nuove risorse e prolungare oltre l'immaginabile la durata della vita. La domanda più sconvolgente è se queste scoperte saranno disponibili per tutti gli uomini o solo per pochi privilegiati.

Le esplorazioni delle potenze europee verso le Americhe e l'Africa portarono ingenti ricchezze a Spagna, Inghilterra e Francia ma causarono anche tante sofferenze alle popolazioni autoctone. Speriamo che la prossima colonizzazione dello spazio non sia fatta a vantaggio di pochi lasciando sulla Terra devastazione e abbandono.

Uomo e macchine intelligenti coesistono strettamente, tante decisioni importanti sono demandate ad esse. Quanto tempo passerà prima che le macchine superino l'uomo in tutti i settori di attività? L'uomo sarà capace di dirigerne l'attività a favore di tutta la società oppure saranno utilizzate come strumento repressivo? Domanda finale: è possibile che le macchine prendano il controllo decisionale, schiavizzando gli uomini? Etica, teologia e filosofia pongono quesiti che l'uomo non può permettersi di ignorare. Scienza e tecnologia viaggiano a velocità crescente ma non possiamo dimenticare che sono solamente un mezzo, attraverso il quale l'umanità ha la straordinaria opportunità di progredire nel cammino della conoscenza e del benessere.

L'economia circolare e i suoi benefici per l'uomo

L'economia circolare non è soltanto una rivoluzione economica ma anche culturale. Le giovani generazioni stanno rapidamente abbracciando questa nuova forma di scambio di prodotti e servizi. I cinque principali settori in cui opera la *sharing economy* sono: finanza collaborativa, alloggi tra privati, trasporti tra privati, servizi domestici tra privati e servizi professionali tra privati. Nel 2025 il fatturato generato da queste attività ammonterà a un equivalente di 585 miliardi di euro, dai 28 attuali. La nuova modalità di bypassare la necessità dell'uso del denaro, per usufruire di beni e servizi, è una rivoluzione culturale di tale portata da stravolgere l'orizzonte economico mondiale. Anche *l'uomo economico,* eredità dell'organizzazione economica industriale, si libera della schiavitù del lavoro dipendente che ne limitava la creatività e si riappropria della propria libertà, operando all'interno di micro imprese di libero scambio. La scienza ha scoperto la ineluttabilità delle nostre decisioni, che poco spazio lasciano al libero arbitrio, causata dalla ferrea organizzazione delle cellule nervose e delle molecole loro associate che guidano le nostre scelte. Superata a livello cellulare, la possibilità del libero arbitrio ritorna a livello delle scelte più ampie, come avviene, quando scegliamo di superare la società dei consumi a favore di una società degli scambi. In questa modalità la soddisfazione del consumatore supera il mero acquisto dell'oggetto desiderato, permettendogli di ricambiare mettendo a disposizione un bene materiale o immateriale frutto della propria creatività. È facile capire che a beneficiarne sono anche i rapporti sociali e il benessere psico fisico di coloro che operano lo scambio. L'economia condivisa richiede una rivoluzione culturale anche per coloro che hanno responsabilità politiche, legislative e di governo. Perché là *sharing economy* possa dispiegare tutti i potenziali effetti benefici occorre un contesto normativo omogeneo, coordinato e dinamico del diritto internazionale. Sarebbe auspicabile eliminare quanto più possibile le barriere, favorire la libera concorrenza limitando gli oligopoli, garantire i diritti dei lavoratori e dei consumatori. La società globalizzata, pur tra mille ingiustizie e contraddizioni, fa intravvedere la possibilità di una riscoperta dell'economia rinascimentale, nella quale avevano un ruolo determinante lo spirito di avventura, la creatività e l'artigianalità dei prodotti. Non è un caso che tante creazioni sublimi dell'uomo siano state realizzate in quel periodo di grande fervore intellettuale.

Capitolo terzo

In principio c'era il baratto, poi l'uomo inventò il denaro

I primi sistemi di contabilità, le prime monete, i metalli preziosi

L'uomo ha sempre subito il fascino dei metalli pregiati e delle pietre preziose, che per la loro lucentezza e brillantezza suscitano ammirazione e desiderio di possederli. Sono giunte fino a noi, a partire dal 5000 a.C., innumerevoli testimonianze di oggetti preziosi che venivano utilizzati per ornare le vesti, le armi, le dimore e i templi dei nostri antenati. Questi monili, visti come un simbolo di potere, erano ricercati dai re, dai nobili e dai sacerdoti. Il desiderio di poterli mostrare era talmente grande da spingere ad offrire in cambio ogni genere di merci per venirne in possesso. L'oro era considerato un metallo incorruttibile, luccicante, raro, puro, inalterabile e riutilizzabile. Partendo da questo valore, quasi ossessivo, che veniva dato all'oro e alle pietre preziose, si comprende meglio perché siano diventati i principali mezzi di scambio delle merci. L'oro, in particolare, per la possibilità di fonderlo e di ricavarne oggetti e monete, diventerà un mezzo di pagamento universalmente accettato.

La storia dei soldi inizia quando dal semplice baratto, che consisteva nello scambio di merci prodotte personalmente con altre utili alla sopravvivenza o al semplice benessere familiare, si passò a un sistema più complesso. I contatti sempre più frequenti di civiltà lontane, che offrivano merci sconosciute o poco disponibili alla popolazione di un altro territorio, stimolò la ricerca di nuovi mezzi di pagamento.

Si affermò allora una nuova professione, quella del commerciante, che prendeva su di sé i rischi del trasporto, dello stoccaggio e della conservazione delle merci e, in cambio, chiedeva un compenso per il rischio di impresa che si accollava.

In cambio delle merci che acquistava, inizialmente, dava altre merci ricercate dalla controparte, ma questo sistema limitava gli scambi ai casi di utilità reciproca, ed allora nacque l'esigenza di avere una forma di pagamento poco ingombrante ed universalmente accettata, in modo da prescindere dallo scambio di merci.

Intorno all'anno mille a.C. si iniziò a pensare di assumere i metalli preziosi, luccicanti e resistenti, come parametri di scambio, e intorno al VII secolo a.C. si iniziarono a realizzare le prime monete.

Queste diventarono presto più maneggevoli e più sofisticate, coniate, di volta in volta, in oro puro, in lega di oro e argento, in solo argento, bronzo o platino, e si diffusero rapidamente.

Nascevano le monete e insieme a loro si affermava il mercato; in breve i mercanti diventarono il centro della vita economica e tutto iniziò ad avere un prezzo, anche gli schiavi.

Il luogo dove si scambiavano le merci, ed anche gli schiavi, fu chiamato mercato, e mercanti quelli che operavano il commercio.

Si iniziarono ad accumulare ricchezze spropositate, mitica quella di Creso, e si affermò il diritto di proprietà e di libera iniziativa.

Col passare del tempo il termine mercato non avrebbe più regolato solo lo scambio delle merci, ma anche il valore delle monete, delle aziende, delle azioni e delle obbligazioni.

Le monete, e poi le banconote, nelle diverse epoche assumono i nomi più disparati: denaro (dal latino *denarius* che era la moneta d'argento del valore di dieci assi), soldo e al plurale soldi (deriva dal latino *solidus,* intero, fatto tutto dello stesso materiale ed indica la somma totale dovuta o di cui si è a credito), moneta (di derivazione latina, indica il ricordarsi della somma dovuta, venne adottata perché la zecca romana si trovava sul Campidoglio vicina al tempio di Giunone Moneta), da cui deriva il termine inglese *money,* pecunia (dal latino *pecus,* bestiame, a ricordare l'antica funzione di mezzo di scambio di bovini, ovini e suini), lira (dal latino *libra, libbra)* unità monetaria adottata dall'Italia dopo l'unificazione.

Storia dell'oro e della nascita delle monete

L'oro, sotto forma di lingotti, iniziò a essere considerato prezioso, e quindi merce di scambio, intorno al terzo millennio a.C., mentre le prime monete risalgono a più di 2500 anni fa. Accanto all'oro furono utilizzati anche altri metalli per coniare le monete, in particolare l'argento e il rame.

È comunemente accettato che il primo regno a creare monete sia stato quello della Lidia, durante il regno di Creso. I persiani scoprirono l'esistenza della moneta proprio a seguito della guerra contro Creso, che fu sconfitto, catturato e condannato al rogo da Ciro. Le monete, coniate in oro e in argento rinvenute a Sardi, risalgono al periodo tra il 700 e il 300 a.C. e hanno come soggetti, nel periodo del regno di Creso, il leone e il toro; invece dopo l'annessione all'impero, il re o un eroe persiano . Il peso delle monete andava dai 5 grammi circa di quelle d'argento agli 8-10 grammi di quelle in oro. Ben presto l'uso delle monete si estese a tutto il regno e queste presero il nome di *Darici* e di *Siglos*.

Nello stesso periodo il conio e l'uso delle monete si diffuse alla civiltà greca e, attraverso le colonie e i traffici marittimi, a buona parte del Mediterraneo. La moneta dell'antica Grecia più diffusa è la *dracma,* che deriva dal verbo afferrare in quanto il suo valore corrispondeva a sei *oboli,* che erano spiedi di metallo utilizzati come valuta prima della nascita delle monete. È da sottolineate l'estrema finezza e l'elevato livello artistico di queste monete.

In Egitto le monete venivano coniate in oro, argento o rame. La moneta di riferimento era lo *shat,* del peso di 7,5 grammi d'oro. In epoca successiva lo *shat* fu sostituito dal *deben,* interamente in metallo del peso di 90 grammi circa.

Dopo le conquiste di Alessandro Magno, il nome *dracma* si diffuse a molte terre oggetto di conquista, tra cui il regno d'Egitto.

Anche l'India, per i suoi rapporti con la Persia, conobbe l'esistenza delle monete ed iniziò a coniarne di proprie nel IV secolo a.C. La moneta indiana è oggi la *rupia* introdotta nel 1500 d.C., il cui nome deriva dal sanscrito e significa argento.

In Cina, prima delle monete, intorno al XII secolo a.C., si usavano le conchiglie come metodo di pagamento e le prime monete in bronzo ebbero la forma di conchiglia. Successivamente vennero realizzate monete – utensili, aventi forma di pala, di asce, spiedi, coltelli. Intorno al V secolo a.C. comparvero le prime monete in oro, di forma quadrata. In seguito iniziarono ad essere coniate le monete c.d. *banliang*, di forma rotonda con un foro al centro, realizzate per lo più in bronzo.

Il più antico mezzo di pagamento nell'antica Roma fu il *pecus*, bestia di piccola taglia, da cui il termine *pecunia*. Le prime rudimentali monete apparirono durante la seconda fase della repubblica, per prima l'asse, ossia un pezzo di bronzo di peso standard. Intorno al 320 a.C., a Napoli, iniziò il conio di una moneta chiamata *rhomaion*, simile alla moneta dei campani la *didracma*. Fu solo nel 289 a.C. che la zecca romana fu localizzata sul Campidoglio, in prossimità del tempio di Giunone Moneta (ammonitrice), e venne coniata una moneta chiamata *quadrigato,* perché vi era inciso Giove su una quadriga. Altre monete ebbero il nome di *vittoriato, denario,* e la più famosa dell'epoca repubblicana, il *sesterzio.* Fu solo sotto l'impero di Augusto che si iniziarono a produrre in grande quantità monete in oro e in argento. La monetazione bizantina iniziò dopo la caduta dell'impero romano d'occidente e si basò sul *solido* d'oro (detto anche *bisante),* sulla *siliqua* d'argento e sul *follis* di rame. L'impero musulmano formatosi tra il 600 e il 700 d.C. adottò come moneta il *dinar*, unità di misura aurea, avente lo stesso peso di 4,25 grammi del *solido* bizantino. La moneta d'argento era il *dirhem* o *dirham,* mentre la moneta di rame era il *fels* o *fils*. Le monete islamiche sono ispirate alla religione e sono prive di immagini. Sotto l'impero di Carlo Magno venne adottata un'importante riorganizzazione monetaria: venne coniato un nuovo *denaro* d'argento, che era un dodicesimo di un *soldo,* mentre venti *soldi* valevano una *lira*. In realtà il soldo e la lira non vennero mai coniati, restando solamente delle unità di conto.

In epoca rinascimentale, a seguito del fiorire dei commerci in tutta l'Europa, vennero coniate molte nuove monete, quali il *genovino,* il *ducato,* il *fiorino,* il *tornese* in Italia, il *marco,* lo *sterling* e il *tallero* all'estero. La lira comparve fisicamente come moneta del regno di Savoia nel 1562. La nascita degli imperi coloniali europei segnò lo strapotere politico ed economico prima della Spagna e in seguito anche di Portogallo, Olanda, Francia e Regno Unito. Il Mediterraneo perse la sua centralità a vantaggio dell'oceano Atlantico, con le sue nuove rotte commerciali verso le Americhe. Nacquero grandi tesori e grandi imperi dove, come diceva Luigi XIV, il Re Sole: (*sul mio impero) il sole non tramonta mai.* Nacque anche una nuova classe sociale, la borghesia, che basava la sua fortuna sul commercio, affermandosi sempre più fino al punto da costringere la monarchia e la nobiltà a cedere una parte del potere che detenevano da secoli.

Partendo dal Regno Unito, a seguito del diffondersi dell'elettricità, iniziò a prender corpo la rivoluzione industriale, che determinò profondi cambiamenti nel campo della produzione, dell'organizzazione economica e sociale. Le città industriali conobbero crescite esponenziali della popolazione, con conseguente esodo dalle campagne e dall'agricoltura. Si affermò la nuova borghesia industriale e nacque la classe operaia.

La classe operaia iniziò a lottare per ottenere accanto a salari più alti e a orari di lavoro meno massacranti, i diritti politici e quelli legati alla previdenza e all'assistenza sociale.

Questi avvenimenti provocarono, come vedremo nei capitoli successivi, importanti cambiamenti anche nel campo economico e in campo monetario, quello più strettamente legato al tema che affrontiamo.

L'equilibrio aureo (Gold standard),
dal sistema bimetallico al sistema aureo

A partire dal 1800, con il consolidarsi degli stati unitari, il sistema degli scambi internazionali era garantito da un equilibrio aureo. Infatti le monete circolanti avevano un valore intrinseco, essendo composte di oro o argento.

Era quindi la quantità di metallo prezioso posseduta a determinare la quantità di moneta coniata e circolante.

La politica monetaria di uno Stato dipendeva direttamente dalla quantità di metallo che era custodita nelle banche centrali.

Come moneta merce, a seconda delle riserve disponibili, veniva scelto l'oro, come nel caso del Regno Unito e del Portogallo, oppure l'argento, scelto da Austria, Prussia, India, Cina, Giappone. Altri stati avevano scelto entrambi i metalli preziosi come moneta merce, tra questi Italia, Stati Uniti Francia.

In ogni nazione qualsiasi persona poteva chiedere alla zecca di trasformare l'oro e l'argento posseduti in monete. E le monete possedute potevano essere fuse e convertite in monete di qualsiasi altro paese, semplicemente presentandole alla zecca dello stato di cui si aveva necessità di valuta. Per praticità, alla moneta merce venne affiancata la moneta cartacea, che però conservava in pieno la possibilità di essere convertita in metallo prezioso. Il problema principale di questo sistema era nella continua variazione di prezzo dell'oro e dell'argento, a seconda della scoperta di nuovi giacimenti che ne alteravano il prezzo di offerta. Queste variazioni portavano, conseguentemente, a una continua altalena del valore di scambio tra argento e oro determinando difficoltà negli scambi tra i paesi che adottavano una diversa moneta merce.

Nonostante queste difficoltà il sistema *bimetallico* rimase in vigore fino al 1870. Accanto alla fluttuazione del valore dell'oro e dell'argento, altri motivi che spinsero al cambiamento furono la crescita degli scambi commerciali e dei flussi di capitali, e la decisione della Germania di passare dall'argento all'oro come moneta merce di riferimento, avvenuta proprio nel 1870, dopo la sconfitta della Francia e il conseguente pagamento di un'ingente indennizzo in oro. A questo punto le due principali economie europee, quella inglese e quella tedesca, utilizzavano entrambe l'oro come moneta merce e furono presto seguite dalle altre nazioni del vecchio continente e, negli anni successivi, dagli Stati Uniti (1879), dalla Russia e dal Giappone.

L'abbandono dell'argento come moneta merce determinò una ingente domanda di oro, facendone salire vertiginosamente il prezzo. La domanda crescente di oro spinse ad una ricerca di nuovi giacimenti ed al miglioramento delle tecniche estrattive, aumentando l'offerta e riportando i prezzi ad una relativa stabilità.

Nel sistema aureo in cui circolava una massa monetaria sempre crescente, causata dal progresso economico e dall'integrazione dei mercati, la moneta merce era divenuta quasi interamente cartacea, anche se manteneva una sottostante riserva aurea che ne garantiva il cambio nel metallo prezioso.

I prezzi a cui potevano essere convertite in oro le monete dei singoli paesi determinava il loro valore rispetto a quelle degli altri Stati e quindi i tassi di cambio.

In definitiva i meccanismi di aggiustamento del commercio internazionale prevedevano un passaggio di oro dai paesi con deficit della bilancia commerciale e valutaria verso quelli che invece vantavano un *surplus* nella bilancia dei pagamenti. Questi movimenti di valuta determinavano una contrazione dell'offerta monetaria nei paesi in deficit e un aumento della moneta circolante nei paesi in attivo.

Il sistema aureo mantenne il suo equilibrio fino alla prima guerra mondiale. Le spese sostenute e le tremende ferite lasciate dal conflitto nel tessuto economico e sociale del vecchio continente determinarono un nuovo equilibrio mondiale con spostamento verso il continente nord americano della supremazia economica.

La crisi del 1929 e il definitivo abbandono del gold standard

La bilancia dei pagamenti americana iniziò a registrare imponenti *surplus* di valuta (e quindi di oro), determinando di fatto squilibri nelle economie dei paesi in deficit. In breve tempo gli Stati Uniti d'America accumularono una gran quantità di riserve di oro e investirono ingenti capitali nella ricostruzione del tessuto produttivo europeo, devastato dalla guerra. L'enorme quantità di oro che affluiva verso gli USA determinò una crescita anomala delle quotazioni di Wall Street, una gigantesca bolla speculativa, che scoppiò con effetti devastanti per l'economia mondiale. Era il 1929, e il mondo conobbe la prima grande crisi sistemica dell'economia capitalistica. La banca centrale americana, *Federal Reserve,* aumentò i tassi di interesse determinando di fatto il blocco del finanziamento dei paesi europei. Gli interessi sui debiti già contratti crebbero a dismisura, creando una situazione insostenibile. Iniziò a manifestarsi una grande depressione che determinò in pochi anni, dal 1929 al 1932, la diminuzione del 50 per cento della produzione industriale americana e una disoccupazione a due cifre: quasi il 25 per cento. Il valore delle aziende quotate a Wall Street in tre anni si ridusse fino a perdere quasi il 90 per cento rispetto alle quotazioni astronomiche raggiunte prima dello scoppio della bolla speculativa. Il cataclisma finanziario che aveva colpito Wall Street non tardò ad estendersi al mondo intero, colpendo per prime le economie periferiche produttrici di materie prime come l'Argentina, il Brasile e l'Australia ed estendendosi poi verso nel resto del mondo. In Europa le prime nazioni ad essere colpite dalla crisi furono l'Austria e la Germania, uscite sconfitte dalla grande guerra. Di fatto le politiche espansive adottate dalle banche centrali resero impossibile il mantenimento dell'equilibrio aureo e nel 1933 anche gli USA scelsero di rinunciarvi. Il nuovo presidente americano Franklin Delano Roosevelt lanciò la politica del *new deal* (nuovo corso), abbandonando il sistema aureo a favore di una politica di investimenti e di indebitamento che ridesse fiato alla produzione e all'occupazione. La scelta era di non sottovalutare gli effetti devastanti della crisi sul tessuto sociale, oltre che economico. Era divenuto impossibile ignorare i quasi 15 milioni di persone espulse dal mondo del lavoro, a causa del calo del 30 per cento del PIL rispetto al 1929. Le aziende agricole erano state travolte dal calo vertiginoso dei prezzi e dai debiti contratti per cercare di sopravvivere. I privati terrorizzati dai continui fallimenti avevano ridotto gli investimenti a livelli prossimi allo zero. Era indispensabile un intervento pubblico che mettesse fine alla tradizionale politica americana del *laissez faire*. Roosevelt attuò una politica di intervento pubblico nell'economia basata su alcune precise direttrici:

- Realizzazione di lavori pubblici che rimettessero in moto l'economia e creassero centinaia di migliaia di posti di lavoro. Tra queste opere possiamo citare le imponenti opere di rimboschimento, i lavori di sistemazione idraulica e altre nei più diversi campi;
- In campo finanziario fu attuata una politica di bassi tassi di interesse per cercare di stimolare gli investimenti privati;
- Si decise di separare l'attività delle banche tradizionali da quelle di investimento e di garantire la copertura federale per i depositi bancari (Glass Steagall Act);
- A seguito della concentrazione oligopolistica delle imprese venne anche decisa una politica favorevole alle nuove attività imprenditoriali con l'introduzione di una tassazione progressiva sui profitti delle aziende private;
- Per tutelare le fasce di popolazione più deboli si decise la creazione di un sistema nazionale che garantisse le pensioni di vecchiaia e di invalidità, di aiuti per le famiglie, in particolare per le madri ed i bambini (Social Security Act);

- Per tutelare i lavoratori vennero stabiliti minimi salariali validi in tutti gli stati federali (Fair Labor Standards Act).

I principali successi del *new deal* di Roosevelt furono nel campo della legislazione sociale, mentre in economia la situazione migliorò solo marginalmente, a prezzo di un indebitamento pubblico che nel giro di pochi anni passò da 1,3 a 3,6 milioni di dollari. Gli Stati Uniti dovettero abbandonare il sistema aureo e lanciare una politica di risparmi federali, che portò a una nuova recessione, da cui gli USA uscirono solo con lo scoppio della seconda guerra mondiale, con il pieno utilizzo degli impianti industriali per sostenere lo sforzo bellico.

Gli accordi di Breton Woods

Mentre si delineava la caduta dei regimi dell'Asse, i paesi alleati decisero di creare i presupposti per un nuovo sistema finanziario internazionale che garantisse la stabilità dei cambi. Nel mese di luglio del 1944, si riunirono al Mount Washington Hotel di Breton Woods (New Hampshire), i rappresentanti di 44 paesi per definire gli equilibri finanziari del dopoguerra. I paesi, ancora in pieno sforzo bellico, adottarono una soluzione di compromesso che garantiva un sistema di cambi fissi, ma aggiustabili, basato su quattro principi cardine:

- Il dollaro era l'unica valuta che garantiva la convertibilità in oro, mentre le altre monete non erano più immediatamente convertibili in oro, ma potevano essere convertite in dollari (e successivamente in oro) secondo valori prefissati. Di fatto si sanciva la centralità del dollaro come valuta di riferimento;

- I cambi tra le varie valute erano rigidi, ciascuno Stato stabiliva il valore di cambio della propria moneta rispetto al dollaro. Tuttavia in presenza di squilibri strutturali i tassi di cambio potevano essere mutati. In caso di riallineamenti superiori al dieci per cento era necessario il consenso del Fondo Monetario Internazionale;

- I movimenti di capitali tra i vari paesi erano soggetti a controlli internazionali, per tenere sotto controllo la speculazione;

- Veniva creato il Fondo Monetario Internazionale, con il compito di fare rispettare gli accordi ai paesi aderenti e di intervenire nei momenti di crisi finanziaria, anche con l'uso di risorse finanziarie fornite dai paesi aderenti.

Questo sistema aveva in sé una contraddizione palese, in pratica il dollaro era convertibile in oro al prezzo di 35 dollari per oncia, e contemporaneamente doveva essere la moneta di riserva per i paesi aderenti. Dato che il dollaro diventava l'unica valuta usata come riserva a livello internazionale, per garantire la liquidità del sistema era indispensabile fornire una quantità sempre maggiore di dollari ai paesi le cui economie crescevano a ritmi elevati, come la Germania, il Giappone e l'Italia negli anni 50 e 60. In pratica il dollaro veniva a trovarsi in una situazione di contraddizione: da una parte doveva garantire la convertibilità in oro, dall'altra doveva soddisfare la domanda crescente di dollari proveniente dall'estero. Le pur ingenti riserve auree americane, dalla metà degli anni 60 diventarono insufficienti a garantire la convertibilità in oro, e destarono crescenti preoccupazioni nei paesi creditori. Quando il deficit americano assunse un ritmo di crescita esponenziale, quintuplicando tra il 1966 e il 1970, a causa dei costi della guerra in Vietnam, costrinse, nel 1971, il governo americano a sospendere la convertibilità del dollaro in oro.

Negli anni 70, le tensioni internazionali sul fronte valutario e la crisi derivante dallo *shock petrolifero*, portarono all'esplosione dell'inflazione e a squilibri nelle bilance dei pagamenti tra i diversi paesi, che resero inevitabile un ritorno al sistema dei cambi variabili. Da questo momento ebbe inizio una sostanziale mancanza di stabilità nei cambi tra le diverse valute. Negli anni 70 e 80 il valore del dollaro rispetto alle altre monete subì numerose e significative oscillazioni, a seconda delle politiche economiche adottate negli USA e della congiuntura internazionale. Di fatto, spinti dai riflessi della crisi economica e dalla possibilità di adeguare i tassi di cambio, i governi dei vari paesi iniziarono a dare priorità alle politiche economiche di sviluppo interno piuttosto che a quelle di ricerca della stabilità dei cambi. Queste politiche ebbero come conseguenza frequenti tensioni sui livelli dei cambi e diedero vita a spirali inflazionistiche spesso incontrollabili come avvenne in molti paesi del continente sud americano, dell'Asia, dell'Africa e dell'Europa meridionale. Durante gli anni 80 i tassi di inflazione molto elevati determinarono crisi economiche, sociali e finanziarie in numerosi paesi periferici, specie dell'America Latina con frequenti svalutazioni e *default* del debito pubblico.

Il dollaro

Dal 1944 il dollaro è diventato la valuta di riferimento per gli scambi commerciali in tutto il mondo. Nel primo periodo, che va dal 1944 al 1971 le monete erano convertibili in dollari, che a sua volta era convertibile in oro, e il sistema dei cambi era sostanzialmente stabile. Dal 1971 in poi le monete sono completamente disancorate da qualsiasi convertibilità nel metallo prezioso, tanto che il prezzo dell'oro è salito vertiginosamente negli ultimi decenni. La creazione di moneta è stata lasciata alla discrezionalità dei governi e delle banche centrali. Gli Stati Uniti si sono trovati nella condizione privilegiata di poter emettere banconote praticamente senza limiti, mentre tutti gli altri paesi sono stati costretti a pagare le merci che importano utilizzando il dollaro. Di fatto l'emissione di carta moneta americana, negli ultimi 40 anni, è risultata svincolata da qualsiasi forma di controllo sulla congruità della massa monetaria circolante, che non fosse quella dettata dalle esigenze di finanziare le politiche internazionali ed interne delle amministrazioni succedutesi al governo. L'accesso al denaro facile ha prodotto come conseguenza un aumento senza limiti dei deficit dei bilanci statali, e poi a cascata di quelli di molte banche, aziende e famiglie. Dagli anni settanta la nazione americana ha sopportato costi molto elevati per finanziare prima la guerra in Vietnam, poi la prima guerra del golfo, conseguente all'invasione del Kuwait da parte di Saddam Hussein. Altri costi molto rilevanti, a seguito dell'attentato alle Twin Towers, sono derivati dalla guerra in Afghanistan e poi in Iraq. Il debito pubblico degli Stati Uniti ha avuto un incremento rilevante durante la presidenza Reagan passando dal 32 per cento al 53 per cento del PIL, e poi sotto la presidenza di Bush jr. durante la quale il deficit è passato dal 56 per cento all'82 per cento. Questi però sono conti per difetto perché, se si considera il *total public debt* si arriva al 100 per cento, aggiungendo i deficit degli stati federati e dei governi locali al 120 per cento e al 140 per cento del PIL se si includono i debiti della finanza immobiliare. La massa monetaria, messa in circolazione, per finanziare i debiti sempre più ingenti, ha determinato squilibri devastanti nell'economia mondiale portando infine alla crisi sistemica esplosa nel 2008, della quale ancora non si intravede la fine. Dopo timidi segnali di ripensamento, nel giro di pochi anni il vento del debito ha ripreso a soffiare, spazzando via l'illusione che fosse stata intrapresa la strada virtuosa del risparmio e degli investimenti produttivi. Il deficit dei bilanci pubblici arriva al 140 per cento del PIL negli USA, al 200 per cento in Giappone e oltre il 130 per cento in Italia. L'altra faccia della medaglia è che nel mondo vi sono paesi emergenti le cui economie crescono a ritmi molto sostenuti e che, di conseguenza, stanno mutando a loro favore le gerarchie consolidate dell'economia mondiale. Paesi come Cina, India e Sud Africa, per citare solo i principali, non sono più comprimari sulla scena finanziaria globale, ma giorno per giorno aumentano le loro riserve valutarie, l'ammontare degli investimenti fatti all'estero e le capacità produttive e tecnologiche delle loro economie. Uno dei pochi paesi del mondo occidentale che ha retto l'urto della crisi è la Germania, che ha impostato la sua politica economica sul rigore nel bilancio e sul sostegno dell'espansione verso i mercati emergenti delle sue aziende.

Il dollaro appare appesantito e fiaccato dal deficit fin qui accumulato, ma credo non si debbano sottovalutare le capacità innovative che l'industria americana ha saputo esprimere in questi ultimi due secoli. La creatività e l'innovazione sono stati il volano per la crescita straordinaria che gli Stati Uniti hanno realizzato. La scelta di un giovane presidente afroamericano ha riacceso questo spirito di frontiera e dato nuovo impulso al sogno americano di poter continuare ad essere la migliore espressione della crescita economica legata all'affermazione delle libertà e della meritocrazia. Ma accanto a questo sogno convivono negli Stati Uniti le lobby affaristiche che non molleranno mai il boccone su cui hanno messo i denti. Queste lobby stanno spolpando le risorse ambientali, stanno giocando con la salute dei cittadini, stanno mettendo sul mercato prodotti finanziari *taroccati*, stanno concedendo mutui e prestiti anche a chi non offre adeguate garanzie, stanno vendendo con guadagni inimmaginabili la morte, sotto forma di droghe e di sigarette, stanno inquinando, speculando sui disastri naturali, costruendo armamenti sempre più sofisticati. Una lotta epocale, che non riguarda solo gli americani, ma che, in forme diverse, investe tutto il mondo. Il profitto è visto come fine ultimo dell'attività economica, le lobby affaristiche cercano solo il guadagno e lo sfruttamento. Ma i soldi possono essere anche un mezzo per costruire un mondo più giusto, che dia sollievo alla fame e alle malattie e che offra a tutti la possibilità di esprimere i propri talenti mettendoli a disposizione della comunità.

Dalla lira all'euro

Dopo le turbolenze valutarie degli anni 70/ 80, dal 1987 in Europa iniziò a affermarsi la stabilità dei cambi tra le nazioni aderenti al Sistema Monetario Europeo, determinato principalmente dalle politiche economiche   convergenti.   L'avvicinamento   dei fondamentali macroeconomici dei paesi europei aderenti alla CEE diede la spinta a preparare il varo di una nuova valuta, l'euro, che sostituisse le monete nazionali. Nel 1992 a Maastricht, città dell'Olanda, gli Stati aderenti alla Comunità Economica Europea firmarono un accordo che dettava i tempi, i parametri e le modalità per il varo dell'euro, a partire dal 1 gennaio 1999, e per il completamento dell'unione monetaria dal 1 gennaio 2002. I paesi più vulnerabili dell'area euro, tra il 1992 e il 1993, subirono una serie di attacchi speculativi, dovuti principalmente ai differenziali tra i tassi di inflazione, che costrinsero diversi paesi, tra cui l'Italia, a svalutare le proprie monete, e in seguito ad abbandonare insieme al Regno Unito il sistema di cambi europeo. Mentre il Regno Unito si orientava a prendere una strada autonoma, legata all'utilizzo della sterlina nei paesi del Commonwealth, India e Australia in particolare, gli altri paesi in difficoltà, tra cui l'Italia, con tenacia e determinazione, varavano una serie di manovre economiche, di proporzioni mai viste prima, per rientrare nei parametri previsti dagli accordi di Maastricht. Nel 1998 il Consiglio Europeo certificava che undici paesi possedevano i parametri di convergenza previsti dal trattato di Maastricht per poter essere inclusi nell'unione monetaria. Nel gennaio 1999 furono fissati per ciascuna valuta nazionale i tassi di cambio nei confronti dell'euro e la politica monetaria passò dalle singole banche centrali alla BCE. Tra gennaio e marzo 2002 le monete nazionali di Germania, Francia, Italia, Olanda, Belgio, Lussemburgo, Finlandia, Irlanda, Spagna, Austria, Portogallo e Grecia cessarono di circolare e vennero sostituite dall'euro. In Italia il passaggio dalla lira all'euro è stato accompagnato da una speculazione selvaggia sui prezzi, tanto da portare a un sostanziale raddoppio dei prezzi e da ridurre drasticamente il potere di acquisto delle famiglie a reddito fisso, dipendenti e pensionati. Da questo colpo mortale le famiglie stentano a riprendersi, tanto da determinare un mutamento nei consumi e nello stile di vita che continua a deprimere i tassi di crescita dell'economia italiana. Anche le esportazioni hanno iniziato a rallentare la loro crescita, a causa dell'elevato valore dell'euro rispetto alla lira e per il calo della domanda estera, causato dall'acuirsi della crisi.

Le difficoltà nella fase di avvio dell'euro e la forte crescita dell'economia americana determinarono tra il 1999 e l'estate del 2001 un aumento del valore del dollaro di oltre il 30 per cento nei confronti dell'euro.

Negli anni novanta, insieme alle turbolenze nello SME, si sono verificate numerose altre crisi finanziarie, in Messico nel 1994, in Asia nel 1997, in Russia nel 1998 e in Brasile nel 1999.

La nascita dell'euro ha creato un grande mercato libero europeo, in cui le merci si muovono liberamente. Di questo fatto ha beneficiato particolarmente la Germania, moltiplicando le sue esportazioni verso gli altri paesi dell'area UE. Per permettere ai paesi periferici di poter acquistare quantità sempre crescenti di merci, le banche, particolarmente quelle tedesche e francesi, hanno finanziato con facilità i deficit delle famiglie, delle banche e degli Stati più esposti ai deficit di bilancio dell'area euro. La progressione debitoria dei paesi più deboli è andata avanti per una decina d'anni, fino a quando l'esplodere della crisi finanziaria internazionale partita dagli Stati Uniti con il *default* della Lehman Brothers e di altre banche ed assicurazioni, non ha esteso il suo raggio d'azione anche alle banche Europee costringendole a un drastico calo dei crediti concessi e a chiudere le partite considerate più a rischio. A cascata la crisi si è estesa ai debiti sovrani dei Paesi più esposti finanziariamente sul debito pubblico, quali Grecia, Portogallo, Italia, Irlanda e Spagna. Davanti al rischio di crack finanziari di paesi aderenti all'euro si sono mossi la Banca Centrale Europea e il Fondo Monetario Internazionale, varando piani di salvataggio dell'ordine di migliaia di miliardi di euro, da affiancare a manovre finanziarie *lacrime e sangue* dei paesi in crisi.

Per l'equilibrio, e per la stessa sopravvivenza dell'euro, il *default* di uno o più paesi aderenti alla moneta unica, sarebbe di esiti imprevedibili, soprattutto per il rischio dell'effetto contagio sugli altri paesi più a rischio e sulle banche detentrici di titoli diventati *carta straccia*. D'altro canto in molti settori dell'opinione pubblica inizia a prendere consistenza la tesi che per i paesi più indebitati sarebbe meglio uscire dall'euro, piuttosto che continuare a spremere i propri cittadini e pagare la crisi con tassi di crescita vicini allo zero, per le difficoltà che le proprie aziende incontrano ad esportare a causa dell'alto valore della moneta, e al restringersi della domanda sul mercato interno conseguente all'inasprimento fiscale. Un'uscita dall'euro da parte di qualche paese, ed un conseguente *default* controllato, metterebbe però in moto un pericoloso effetto domino e sarebbe un grave pericolo per il sistema bancario. Questo pericolo è reale ed immanente tanto da aver già indotto la Francia e il Belgio al salvataggio della banca Dexia, particolarmente esposta sul debito greco. Il presidente francese Sarkozy e la cancelliera tedesca Merkel, in un vertice tenuto a Berlino, si sono accordati per sostenere il varo di un piano di salvataggio delle banche europee dell'ordine di 400 miliardi di euro, che sommati ai costi indiretti potrebbe superare i 1000 miliardi di euro. Sull'efficacia degli interventi salva banche si levano parecchie voci discordi, tra le quali quella dell'AD delle più grande banca tedesca, Deutsche Bank, Joseph Ackermann, che ha dichiarato che gli stati europei, già impegnati col fondo salva stati, non hanno la possibilità di mettere in campo le risorse necessarie per aiutare le banche in difficoltà. E se anche provassero a farlo, il *rating* dei debiti sovrani calerebbe ulteriormente, indebolendo la consistenza patrimoniale delle banche. A questo va aggiunta la crescente protesta contro la finanza e le *lobby* affaristiche che si sta diffondendo in tutto il mondo, grazie a movimenti quali gli *Indignados e Occupy Wall Street.*

La caduta del 2008

Il precipitare della crisi economica e finanziaria nel 2008 ha colto di sorpresa solo gli economisti più sprovveduti e quelli più allineati alle politiche governative. I miti del mercato che si auto regolamenta, della possibilità di finanziare all'infinito i deficit di bilancio trasferendone gli oneri all'estero, di accentrare tutti i poteri sul presidente, investito del ruolo carismatico di comandante in capo della crociata contro il terrorismo, si sono sgretolati nel breve volgere di pochi mesi. A differenza di quanto era avvenuto con le crisi precedenti diventava del tutto evidente che gli USA erano in balìa di forze preponderanti, alimentate dalla speculazione internazionale e dalle truffe finanziarie di Bernie Madoff e di altri *furbetti,* che avevano potuto agire indisturbati in un mercato ormai al di fuori di ogni regola e di ogni controllo di trasparenza e di legittimità.

Cerchiamo di capire quali sono stati i punti deboli del sistema economico che hanno determinato il *crack* finanziario. Il primo e principale imputato è il deficit pubblico statunitense aumentato vertiginosamente dal 2001 per sostenere i costi della guerra al terrorismo. Per finanziare spese così ingenti il tesoro americano ha emesso dollari in quantità illimitata. Si è così avuta l'impressione che il denaro fosse una variabile indipendente e che se ne potesse stampare e utilizzare a volontà. Anche le banche, incoraggiate dalla volontà politica di far ripartire l'economia, travolta oltre che dall'attentato alle Twin Towers anche dall'esplosione della bolla speculativa, hanno iniziato a prestare soldi ai clienti senza chiedere le necessarie garanzie. I tassi di interesse prossimi allo zero hanno accecato tante persone, che spinte dall'euforia generale, hanno comprato di tutto, case (a prezzi gonfiati a causa dell'aumento della richiesta), auto di lusso, computer, telefonini, vacanze ed ogni oggetto che potesse soddisfare i loro desideri. Le banche finanziavano senza problemi, le carte di credito *revolving* si diffondevano a macchia d'olio, tutto sembrava possibile. Era il *bengodi* dell'epoca moderna, tanto si poteva pagare più tardi a piccole rate e senza fretta, a tasso variabile naturalmente. Le altre banche centrali si adeguavano a questi tassi di interesse quasi a zero, per non entrare in recessione e far ripartire l'economia. E anche i consumatori degli altri paesi venivano contagiati dal credito facile. Chi riusciva a risparmiare era invogliato ad investire in prodotti finanziari che offrivano tassi di interesse molto alti. I clienti erano consigliati e quasi invogliati a comprare tutto ciò che le banche, dopo averci abbondantemente lucrato, non volevano più nei loro portafogli. Qualche scricchiolio si era già avvertito prima del 2008, all'aumentare delle insolvenze le banche, per non *appesantire* i loro bilanci, pensavano bene di inventare degli *escamotage* come i *credit default swaps,* i prodotti derivati e varie altre diavolerie, tutte scatole cinesi in cui inserire e far scomparire i crediti a rischio. I banchieri erano pronti a comprare e a rivendere queste nuove meraviglie finanziarie in grado di *rivitalizzare* il mercato. Facile capire come in pochi anni il rischio insolvenza si sia diffuso in tutto il sistema finanziario internazionale, fornendo tutti gli elementi per un'inevitabile crisi sistemica. Il cuore del problema, a mio avviso, sta nel fatto che dopo la rinuncia alla convertibilità delle monete in oro, a partire dalla fine degli anni 80, il sistema finanziario internazionale non ha adottato quel sistema di norme e di vigilanza che, in ogni sistema democratico, sono indispensabili per un corretto funzionamento delle politiche pubbliche. Nell'autunno del 2008 la crisi esplodeva in tutta la sua potenza deflagrante. La paura serpeggiava per l'aumento delle insolvenze, le banche si trovavano a dover gestire una montagna di titoli tossici. Le aziende non riuscivano più ad accedere al credito. Iniziavano le chiusure e i fallimenti delle banche, delle assicurazioni e molte aziende si trovavano in difficoltà. Milioni di lavoratori in tutto il mondo occidentale perdevano la sicurezza del lavoro e spesso anche la possibilità di riaccedere al mondo del lavoro. Senza lavoro aumentavano le difficoltà delle famiglie ad onorare i debiti contratti con le banche. Sono cresciute in modo esponenzialmente le insolvenze. Le banche, che avevano alimentato il mercato del credito facile, hanno chiuso i rubinetti del credito ed iniziato a pignorare case ed ogni altro bene su cui riuscivano a mettere le mani. Invece i risparmiatori a cui erano stati venduti i titoli tossici si sono ritrovati con un pugno di mosche, privati dei risparmi accumulati con fatica e sacrifici per far fronte alle necessità future. Ma le banche non hanno pietà e continuano a mandare i rappresentanti della legge a sgomberare le case, molte delle quali restano chiuse ed abbandonate per mancanza di compratori. Le banche le liberano, le svuotano e le lasciano chiuse a deteriorarsi. La catena del contagio non si ferma più e giunge fino ad oggi. Appesantite dalle insolvenze e dai titoli tossici le banche più esposte falliscono, le altre cercano di ripulire i loro bilanci con operazioni di aumento di capitale e soprattutto con prestiti governativi. E intanto i loro manager continuano a elargirsi compensi milionari, alla faccia dei risparmiatori che sono stati indotti a comprare prodotti *spazzatura*, buoni solo per *spennare i polli*.

Il sistema finanziario oggi

Dopo anni di crisi, l'economia internazionale conta le ferite inferte dai fallimenti e dalle ristrutturazioni che stanno accompagnando il cammino verso la ripresa. Nonostante le fortissime iniezioni di liquidità che hanno salvato dal fallimento numerose banche e nazioni, sembra che la mancanza di regole e controlli stringenti permetta ai soliti *furbetti* di continuare a intessere il loro *gioco sporco*.

Per capire cosa succede all'economia mondiale, vediamo più da vicino quali sono i *megatrends* che stanno determinando importanti ricadute economiche sulla vita e sulle abitudini di tutti noi.

Come premessa occorre dire che il sistema finanziario internazionale del mondo di oggi è attraversato da forti squilibri che ne compromettono la stabilità. Da un lato abbiamo i forti deficit degli USA, del Giappone, dei paesi europei c.d. PIGS, e dall'altro troviamo i continui *surplus* di bilancio della Cina e della Germania. Se a questo aggiungiamo che le valute sono ormai completamente svincolate dall'oro, possiamo capire su quali basi fragili, come un castello che si costruisce sulla sabbia, poggia oggi l'equilibrio e la stabilità dell'economia mondiale.

Un secondo elemento da tenere in considerazione è l'equilibrio precario su cui poggia la vita sul nostro pianeta a causa della globalizzazione delle epidemie virali, dell'inquinamento e della deforestazione selvaggia. L'insorgere di pandemie come quella del Coronavirus e incidenti come quelli di Chernobyl o di Fukushima ci fanno riflettere sulla fragilità del nostro ecosistema e dell'equilibrio biologico su cui poggia, da cui dipende la salute e il benessere di chi lo abita. La capacità della Terra di assorbire i prodotti di scarto industriali ed agricoli è limitata. Molti economisti pongono il problema di una riconsiderazione del tasso di crescita come principale indicatore di miglioramento economico ed iniziano ad affiancargli i parametri della qualità della vita, dello sviluppo sostenibile e del consumo consapevole.

Un terzo elemento con cui fare i conti è il sempre maggior utilizzo di macchine intelligenti che sostituiscono il lavoro umano. Questo fa sì che la forza lavoro umana diventa, mano a mano che avanza l'automazione, sempre più marginale. Milioni di lavoratori vengono espulsi dalle fabbriche di tutto il mondo e sul mercato globale *pesa* sempre meno la classe operaia, protagonista di tante lotte per condizioni di vita migliori, fin dalla nascita della rivoluzione industriale. Il mercato del lavoro diventa una *libera agenzia*, come ironicamente lo ha definito Gideon Kunda, dove ognuno fa sfoggio dei suoi titoli, lauree e master, ma soprattutto della sua capacità di essere utile, col *know how* e la creatività che possiede, alle aziende che assumono per progetti ben definiti e limitati nel tempo, e non più per tutta la vita (*one work, one life*), come avveniva nel passato recente. In questo sistema il lavoratore si trova a dover competere con tante altre persone alla ricerca quasi disperata di un lavoro, esposto a pesanti difficoltà, quasi impossibilitato a programmare il proprio futuro, perché il futuro non ha più connotati certi. È l'economia delle esternalizzazioni e del *core business*, attenta a massimizzare i profitti degli azionisti ma totalmente indifferente alle ricadute sociali delle sue scelte. Spesso si è disposti anche a truccare i conti se questi non tornano, pur di mantenere le posizioni di potere all'interno delle aziende, e fra imbrogli, debiti e fallimenti va avanti il *circo Barnum* della finanza creativa.

Ai poveri risparmiatori non resta che sperare di non incorrere in uno dei *crack* ormai ricorrenti: dall'Argentina, alla Parmalat, dalla Goldman Sachs alla truffa dei Madoff americani o nostrani, come Gianfranco Lande, il Madoff dei Parioli.

Di fronte a tanti squilibri e comportamenti illeciti, urge un nuovo ordine finanziario internazionale basato su regole precise e stringenti e su controlli rigidi e rigorosi. Come avviene in politica, dove, se mancano i controlli sull'operato di chi detiene il potere, si scivola in una deriva autoritaria, così in economia se non vi sono regole e controlli altrettanto stringenti si rischiano truffe, imbrogli e mancanza di trasparenza. Si assume come valore assoluto il dio denaro, da acquisire e aumentare a qualsiasi costo, senza remore, senza regole e senza alcuno scrupolo nei riguardi degli altri.

Accanto alla trasparenza serve innovazione, capacità di intuire il futuro, creatività. Senza queste componenti non ci sarebbe più stimolo al progresso, ci si avviterebbe in un'economia stagnante, ferma ai vecchi problemi energetici e produttivi. Solo le società vitali possono sopravvivere alla sfida globale, seguendo l'esempio che viene dalla natura, dove, come aveva ben intuito Darwin, solo le specie che si adattano alle mutate situazioni ambientali riescono a sopravvivere e a migliorare.

In conclusione, noi cittadini, in democrazia sovrani, non possiamo permettere che la prossima crisi sistemica ci travolga, è opportuno invece riprendere in mano il timone del nostro futuro, senza abbandonarlo nelle mani di pochi *guru* della finanza, che tutto hanno a cuore, tranne il benessere dell'umanità.

Capitolo quarto

La distribuzione della ricchezza tra gli Stati

Prologo

Gli ultimi vent'anni hanno mutato, in modo profondo, il modo di vivere e di intendere la protezione sociale nei paesi occidentali. A causa degli effetti della globalizzazione, dell'automazione e della informatizzazione, il mondo del lavoro non garantisce più la piena occupazione, la continuità del lavoro e la giusta retribuzione. La globalizzazione ha indirizzato le aziende a spostare gli stabilimenti produttivi verso le aree con minore prezzo del lavoro e incidenza fiscale. L'automazione, con l'utilizzo sempre più rilevante della robotica, ha cancellato milioni di posti di lavoro diventati inutili. L'informatizzazione ha reso possibile trasferire on line un gran numero di operazioni che prima venivano svolte con il lavoro umano. Banche, assicurazioni, attività del terziario e della pubblica amministrazione stanno mutando il modo di operare, espellendo un numero crescente di lavoratori. Anche nel settore industriale le aziende occidentali stentano a mantenere il primato e la Cina ha piazzato diverse sue aziende tra le prime del mondo, secondo la classifica annuale di Fortune. Secondo una recente indagine del centro studi Mc Kinsey, seicento milioni di cittadini occidentali hanno perso potere di acquisto e protezione sociale dal 2005 ad oggi. Purtroppo l'Italia si mette in luce per il primato negativo, infatti il 97 per cento delle famiglie ha subito un peggioramento del reddito e delle condizioni di vita. I più colpiti dalla crisi sono i giovani, che stentano a completare gli studi e a trovare una collocazione adeguata nel mondo del lavoro. Il rapporto Mc Kinsey, *Più poveri dei genitori? Una nuova prospettiva dell'ineguaglianza dei redditi,* afferma che, se la crisi dovesse prolungarsi, la percentuale delle famiglie occidentali in arretramento potrebbe salire dall'attuale 60 per cento ad oltre l'ottanta per cento. Tenendo conto di questi dati, andiamo ora ad analizzare quali Stati e centri di potere detengono la ricchezza mondiale.

Gli Stati Uniti d'America

La più grande potenza economica del mondo sono gli Stati Uniti d'America. Il loro dominio economico, che è anche politico e militare, si è consolidato al termine della seconda guerra mondiale, soppiantando il Regno Unito che, fino a quel momento era la più grande potenza mondiale. Oggi, dopo mezzo secolo di dominio incontrastato, lo strapotere americano mostra delle crepe pericolose. La crescita impetuosa delle economie dei paesi emergenti, in particolare Cina ed India, e la solida potenza dell'economia tedesca mettono in discussione la *leadership* degli USA. Ma il pericolo maggiore per gli americani viene proprio dal loro interno, a causa del debito pubblico che sta raggiungendo livelli preoccupanti. Le spese sostenute per finanziare le guerre del Golfo contro l'Iraq, la guerra in Afganistan e il sostegno all'Ucraina, i costi degli armamenti, gli aiuti al sistema creditizio, i consumi interni superiori alle risorse disponibili hanno portato il bilancio federale a un debito che supera il PIL prodotto annualmente. Segnali allarmanti giungono ogni giorno dalle borse mondiali dove, in assenza di un sistema monetario con riferimenti certi, la speculazione la fa da padrona. La mancanza della convertibilità della moneta in oro, di fatto, lascia ai governi la possibilità di emettere carta moneta in quantità slegata da qualsiasi riferimento. Il prezzo da pagare consiste nel dipendere dai creditori, perché ogni debito ha come contraltare un creditore. Oggi i principali creditori degli Stati Uniti sono la Cina, i paesi arabi produttori di petrolio e la Germania. Ma cosa potrebbe succedere se questi paesi decidessero di trasferire altrove i loro capitali? La risposta a questo interrogativo è che questa eventualità sarebbe rovinosa per il benessere del popolo americano, che già da alcuni anni avverte gli scossoni determinati dalla crisi. La crisi americana è dipesa molto dalle politiche economiche portate avanti dopo l'era della presidenza Clinton che aveva regalato all'America un decennio di benessere e prosperità. L'ascesa americana è sempre stata legata alla sua capacità innovativa, ed ancor oggi si concentra qui una buona fetta del *know how* mondiale. L'errore compiuto durante la presidenza Bush è stato quello di appiattirsi sulle richieste e sulle politiche delle grandi compagnie petrolifere, dell'industria degli armamenti e delle società finanziarie agevolandole in tutti i modi. La sfida futura è tutta nella capacità americana di aprire una *nuova frontiera*, utilizzando un motto del presidente J.F. Kennedy, che attraverso la creatività e l'innovazione ridia fiato all'economia. Il mio parere, del tutto personale, ma suffragato da una serie di importanti dati macroeconomici ed aziendali, è che l'America continuerà ad essere il cervello dell'economia mondiale. Il livello raggiunto dal deficit federale e la concorrenza sui prezzi dei prodotti dei paesi emergenti limiteranno parecchio la capacità di crescita del prodotto interno. Difficilmente l'economia americana, nei prossimi anni, potrà raggiungere i tassi di crescita dell'economia della Cina, dell'India e di altri paesi emergenti. Questa potrebbe essere un'opportunità per cambiare la misurazione del benessere di una nazione non rapportandolo più solo al PIL, ma a una serie di altri indicatori che diano la misura della qualità della vita di un popolo. Questi indicatori dovrebbero comprendere, oltre al PIL, la sostenibilità, la qualità dei servizi, la vivibilità dell'*habitat* naturale e lavorativo, la rapidità e la qualità dei trasporti. L'uomo non deve ridursi a una macchina per fare soldi: privo di sentimenti, freddo calcolatore, completo egoista. Come ho avuto modo di argomentare nel libro precedente a questo, che parla di creatività, per l'uomo è fonte di soddisfazioni e di gioia aprirsi all'empatia, alla capacità di amore, di condivisione e di solidarietà con le persone che incontra nel suo cammino. La vera rivoluzione del XXI secolo per i paesi occidentali, dopo quella che nel XX secolo ha indicato al mondo la via della democrazia partecipata, dovrebbe essere quella di creare un'organizzazione economica basata sulla ricerca del benessere collettivo più che sull'accumulazione di ricchezza a vantaggio di pochi privilegiati.

Osservando la cruda realtà dei fatti e dei numeri questa prospettiva appare soltanto un auspicio utopistico, visto il crescente potere economico, sociale e politico delle multinazionali tecnologiche, energetiche e finanziarie.

La Cina

La Cina è la seconda potenza economica mondiale quanto a ricchezza prodotta, gareggiando con gli USA per la prima posizione. La crescita annuale del PIL è stata per anni la maggiore tra le economie sviluppate, con un incremento intorno al sette per cento.

La sua popolazione supera il miliardo e trecento milioni di persone ed è composta in buona parte da giovani. L'economia cinese macina ogni anno montagne di profitti e il bilancio statale è in attivo di centinaia di miliardi di euro. I distretti di eccellenza sono dislocati intorno a Hong Kong, Shanghai e Pechino. Con questi ritmi di crescita l'economia cinese diventerà presto la prima al mondo, anche grazie alla politica di continue acquisizioni al di fuori dei propri confini. I grandi gruppi internazionali hanno capito le potenzialità del mercato cinese e già da alcuni decenni vi investono ingenti capitali. La Cina è un paese relativamente povero di risorse naturali e deve approvvigionarsi all'estero per i consumi energetici e per l'acquisto di molte materie prime. Per sopperire a questa debolezza, il governo cinese sta creando una rete di relazioni internazionali che, accrescendone l'influenza, garantiscano gli approvvigionamenti con un occhio preferenziale. Uno dei punti di forza dell'economia cinese è che qui il lavoro viene visto dalla popolazione come un dono divino e viene vissuto con impegno e partecipazione totale. Possiamo parlare di vera e propria etica del lavoro, insita nel profondo della popolazione. Altro vantaggio della Cina è poter contare su una comunità fortemente integrata in una rete interna, dove il benessere della comunità viene prima di quello individuale e dove tutta la comunità, se possibile, aiuta il singolo in difficoltà. La Cina è l'ultimo grande paese al mondo ad essere governata da un partito comunista. Quando Mao assunse il potere al termine della seconda guerra mondiale, dopo *la lunga marcia*, trovò un paese arroccato su se stesso e profondamente ferito dall'occupazione giapponese. La strada percorsa è stata lunga e costellata di successi e di sofferenze. Non possiamo infatti dimenticare le sofferenze della popolazione durante *la rivoluzione culturale* e la strage di piazza Tien An Men, per citare solo gli episodi più dolorosi. La strada verso la democrazia, in Cina, è ancora lunga, ma i giovani acquisiscono di giorno in giorno maggiore consapevolezza dei propri diritti fondamentali e maggiore libertà di pensiero e di movimento. I cinesi sanno perfettamente quali sono i costi della globalizzazione: a fronte dei massicci investimenti di imprese provenienti da tutto il mondo, i loro ritmi di lavoro sono impensabili per un lavoratore occidentale, che tra l'altro percepisce salari molto maggiori. E così gran parte della produzione manifatturiera si è trasferita in Cina creando un devastante vuoto occupazionale nei paesi industrializzati. Per dare un'idea della dimensione del fenomeno la Cina oggi produce quasi i tre quarti dei beni industriali: biciclette, televisori, condizionatori, elettrodomestici, auto. La Cina che fino a poco tempo fa basava il suo successo sulla mano d'opera a basso costo, sta compiendo passi da gigante sulla strada dell'automazione e della robotizzazione in fabbrica, definendo così nuove modalità e nuovi standard produttivi. Tutto questo permetterà loro di essere all'avanguardia anche in un mondo che ha sempre meno necessità del lavoro umano nelle fabbriche.

Particolarmente aggressiva è la politica cinese nei confronti delle conoscenze intellettuali e della contraffazione dei prodotti *griffati*. Qui opera senza scrupoli per recuperare il *gap* di conoscenze e accumulare *know how*. Nel 2005 faceva notizia che la Cina avesse superato l'Italia come sesta potenza al mondo, nel 2010 ha fatto scalpore il secondo posto conquistato a spese del rivale asiatico, il Giappone, le previsioni dicono che nei prossimi dieci anni sarà al primo posto soppiantando gli Stati Uniti. I diversi ritmi di crescita, ulteriormente accresciuti dalle difficoltà economiche americane dopo la crisi del 2008, stanno determinando uno spostamento del potere economico e politico verso le economie dei paesi BRICS, Cina *in primis*. A ritardare l'affermazione della Cina sui mercati internazionali è intervenuto dal 2022 un rallentamento della crescita dovuto ad un *surprus* di produzione e a un ripensamento di molte aziende occidentali che ora delocalizzano i loro stabilimenti verso altri paesi emergenti che offrono condizioni migliori. Inoltre la politica accentratrice del partito, la posizione ambigua nei confronti dell'invasione russa dell'Ucraina e le rivendicazioni su Taiwan stanno creando un clima di sospetto e di sfiducia verso la Cina.

La Germania

Alcuni politologi affermano che la Germania, e indirettamente l'Unione Europea, sono state governate dalla "presidenza personale" di Angela Merkel, un leader spregiudicato e insensibile ai valori e alle sofferenze dei popoli. L'hanno sostenuta, nella politica dell'austerità e del rigore a tutti i costi, il ministro delle finanze Wolfgang Shäuble e il presidente della Bundesbank Jens Weidmann. Come esempio dell'opportunismo politico della Merkel è stato indicato l'atteggiamento nei confronti dei rifugiati. Fino a quando appariva utile, per dare lustro alla sua immagine, mostrarsi accoglienti e disponibili a dare asilo ai profughi, la cancelliera tedesca ha mostrato al mondo il suo lato umano. Nel momento in cui i flussi migratori sono diventati troppo impegnativi per i bilanci federali e il consenso elettorale iniziava a diminuire, non ha esitato un attimo a rimangiarsi le promesse, scaricando tutto il peso sui paesi più esposti. Altra caratteristica, ancora più pericolosa per la democrazia europea, sarebbe la demonizzazione di ogni tipo di dissenso. Solo chi abbracciava le strategie politiche ed economiche della Merkel può entrare nei favori dell'establishment. Chi dissentiva veniva messo ai margini e spesso costretto al ritiro dagli incarichi politici e di governo. Questa visione della politica porta, come conseguenza, a considerare l'interesse nazionale tedesco come interesse comune di tutta la Comunità Europea. Poco importa se le politiche di rigore e austerità incidono pesantemente sul benessere sociale ed economico degli altri popoli, l'importante è tutelare acriticamente gli interessi delle banche e dei risparmiatori tedeschi, senza rendersi conto che una Europa divisa riporterebbe lo scenario internazionale indietro di cento anni, con tutti i rischi che ne conseguono. Oggi il cancelliere Scholz appare seguire la stessa politica che piega gli interessi della Comunità Europea agli interessi della Germania e dei paesi nordici con la politica del rigore fine a se stesso e della difesa dei confini orientali.

La Germania è la quarta potenza industriale del mondo, ma al contrario del Giappone che la precede, sulla cui solidità pesa un deficit al 200 per cento del PIL e un'economia incapace di crescere già da diversi anni, negli ultimi dieci anni ha messo a segno una crescita superiore alla media europea e ha un debito federale intorno al 70 per cento del PIL. Per la prima volta dall'unificazione l'economia tedesca ha messo a segno risultati così importanti, realizzando anche considerevoli avanzi nella bilancia commerciale. La forza dell'economia tedesca è dovuta a molte grandi aziende con una strutturazione internazionale molto marcata, rivolta verso le economie dei paesi emergenti e a un grandissimo numero di aziende di medio piccole dimensioni operanti soprattutto nel settore dei servizi. Impressionante è stata la capacità di integrare nel tessuto economico la Germania dell'Est, che all'epoca della riunificazione avvenuta nel 1989 presentava un'economia in grave difficoltà. Chi ha avuto modo di visitare Berlino è sicuramente rimasto stupido per la vivacità intellettuale che la contraddistingue e per la gioventù che ne ha fatto la propria città ideale. Altre grandi città come Monaco di Baviera, Francoforte, Amburgo, Colonia, Essen , Stoccarda stanno diventando dei centri cosmopoliti sempre più meta di soggiorno per le opportunità di affari, di lavoro, di studio e di cultura e di svago. Il territorio della Germania è relativamente piccolo, solo 357000 km. quadrati; la sua popolazione è di 82 milioni e cinquecentomila abitanti, ha poche risorse naturali ed ancor meno energetiche, eppure in meno di un secolo è stata capace di tornare ad essere tra le grandi potenze del pianeta. La filosofia economica della Germania post-bellica è sempre stata incentrata sulla paura dell'inflazione, memore dei disastri che aveva provocato la crisi economica del 1929 con un'inflazione devastante, che era stata una delle cause dell'avvento del nazismo. La forza e la stabilità del marco prima e dell'euro poi, sono stati un punto fermo delle politiche economiche portate avanti dai governi tedeschi e dalla Bundesbank. Fino a quando i cittadini dell'Unione Europea non si sentiranno membri di un'unica comunità e di un'unica nazione e non affideranno i propri destini a un governo federale avente la necessaria legittimazione e i conseguenti poteri, sarà impossibile avere stabilità e politiche economiche realmente congruenti. La crisi dell'euro discende anche dal fallimento degli impianti comunitari basati su regole troppo fragili e facilmente eludibili. Per i paesi più deboli sperare negli aiuti della Germania e delle altre economie forti dell'area euro, senza cambiare la struttura della finanza pubblica e senza le conseguenti riforme strutturali, è come sognare che possa arrivare un miracolo a salvare le economie più fragili dal precipizio. Certo anche la Germania avrebbe molto da perdere dal fallimento dell'area euro, sia in termini economici sia sotto il profilo del tramonto di un progetto politico portato avanti per dare pace e stabilità all'Europa martoriata, nel giro di 30 anni, da due devastanti conflitti mondiali. L'Unione Europea da sogno, per molti paesi dell'area europea e mediterranea, potrebbe diventare incubo e verrebbe ricordata come il trionfo dell'egoismo e dell'arroccamento nazionalistico, invece che come patria comune di democrazia, di progresso, di integrazione e di solidarietà.

Il Giappone

L'economia del Giappone, pur essendo la terza al mondo per l'ammontare del PIL, versa da parecchi anni in un preoccupante stato di crisi. Il debito pubblico ha raggiunto il 200 per cento del PIL e i ritmi di crescita sono prossimi allo zero. L'economia giapponese ha raggiunto il picco della sua potenza negli anni 80, quando la produzione industriale faceva concorrenza vincente a quella occidentale. I giapponesi compravano i simboli del potere economico occidentale e i loro metodi di produzione erano oggetto di studio e di *scimmiottature* da parte delle aziende americane ed europee. Aziende come Sony, Toyota, Mitsubishi, Yamaha si imponevano sui mercati internazionali e diventavano familiari ai consumatori di tutto il mondo. Un'ascesa che ha molte similitudini con quella della Germania, entrambe uscite sconfitte e devastate dalla seconda guerra mondiale, entrambe con un piccolo territorio, di 378 mila chilometri quadrati quello giapponese, e una popolazione inferiore a quella di Cina, India e USA, 128 milioni quella giapponese. La forza principale dell'economia giapponese è accentrata in grandi gruppi industriali (produzione di automobili, moto, elettronica, elettrodomestici, robotica) , e dei servizi (banche, assicurazioni, commercio). Il tallone d'Achille dell'economia nipponica è nella scarsità di risorse naturali e nella scarsa influenza politica che riesce ad esercitare sullo scacchiere internazionale. Il terremoto che ha colpito il Giappone l'11 marzo 2011, oltre ai devastanti effetti diretti dovuti principalmente allo *tsunami* che ne è seguito, ha provocato seri danni alle centrali nucleari di Fukushima, con fuoriuscita di materiale radioattivo. Questo incidente ha messo in discussione la scelta di affidarsi all'energia atomica per soddisfare una buona parte del consumo energetico. Il Giappone, come abbiamo detto, non dispone di grandi risorse naturali e deve acquistare all'estero gran parte delle materie prime. Dover dipendere da fonti fossili, quali petrolio e metano, è un costo troppo grande, per cui poche voci si sono levate dal Giappone per chiedere la chiusura definitiva delle centrali nucleari. Ancor più di altri stati il Giappone soffre la concorrenza della Cina, gigante non solo economico, ma anche politico e militare che recentemente ha anche operato lo storico sorpasso del PIL. L'area che si affaccia sull'Oceano Pacifico è una delle più ricche di possibilità economiche come dimostrano le industrie californiane della Silicon Valley, le *Tigri Asiatiche,* la Cina, l'India, senza trascurare le potenzialità di Russia, Australia e Indonesia. L'economia giapponese per riprendere vigore deve prima vincere una sfida tutta interna: ridimensionare lo stile di vita troppo costoso, eliminare scandali e corruzione, adottare una politica pubblica attenta e rigorosa. Dal confronto coll'economia americana quella giapponese è uscita vincente dal punto di vista industriale ma ha perso la partita sotto il profilo politico e finanziario, accumulando un debito pubblico che è il doppio del prodotto interno lordo di un anno. Questo debito, causato anche da grandi sprechi interni, pesa ora come un macigno e mette le aziende in una posizione di forte difficoltà nel reperimento di nuovi capitali. La Cina ha fatto tesoro dell'insegnamento giapponese ed ha posto l'avanzo della bilancia commerciale come una priorità della sua politica economica, giungendo ad accumulare un'ingente quantità di capitali, con cui ormai tiene in ostaggio le economie dei paesi più indebitati. Un segnale incoraggiante è dato dal tasso di disoccupazione di poco inferiore al 3 per cento nel corso del 2023, in calo rispetto agli anni precedenti. Occorre però sottolineare che il Giappone vanta un *know how* di eccellenza, un *management* tra i più validi al mondo e lavoratori precisi e motivati. Questi fattori, se saranno uniti a una classe politica di nuovo in grado di esprimere eccellenza, forniranno al paese la spinta necessaria per consolidare gli importanti risultati economici fin qui ottenuti e riprendere la corsa ora interrotta. Grande attenzione il paese deve avere anche per i temi riguardanti l'inquinamento e la qualità della vita per non ritrovarsi a dover fronteggiare nuove emergenze come quella di Fukushima.

L'India

La crescita economica dell'India nel 2022 è stata superiore all'8 per cento, più elevata di quella cinese. I settori manifatturiero, finanziario, edile ed immobiliare hanno trainato questa ascesa impetuosa. Anche il settore agricolo ha avuto una buona crescita. Attualmente l'economia dell'India si colloca intorno alla quinta posizione per ricchezza prodotta, ma agli attuali ritmi di crescita è destinata a scalare ulteriormente la classifica mondiale. Posizionata strategicamente sull'Oceano Indiano, ha un territorio di quasi 3 milioni e 300 mila chilometri quadrati e una popolazione di oltre 1 miliardo e 200 milioni di abitanti, con un tasso di crescita demografica tra i più alti al mondo. Nonostante gli altissimi tassi di crescita economica, permangono alte percentuali di popolazione in stato di povertà e di analfabetismo. Uno dei punti forti dell'India è la capacità di risparmio, grazie alla quale ha accumulato negli ultimi 20 anni ingenti riserve valutarie. Le attività economiche possono contare su un numero di lavoratori impressionante: oltre 500 milioni, inoltre è in rapida crescita il livello di istruzione, che consente al paese di avere una forza lavoro sempre più qualificata. È in atto nel paese una apertura economica che sta richiamando investimenti da parte delle più importanti aziende mondiali. A livello interno l'India soffre della divisione tra indù e musulmani, e le tensioni, alimentate anche da antichi rancori con il Pakistan, sfociano spesso in scontri anche violenti. Non è da dimenticare che la nazione indiana è nata dalla rivoluzione non violenta di Gandhi, che l'ha affrancata dal dominio britannico ed ha sempre predicato la pacificazione tra indù e musulmani. A parte il nodo religioso, la classe politica si trova ad affrontare l'annoso problema della fame e delle malattie, che affliggono le *bidonville* delle grandi città come Calcutta, resa nota al resto del mondo dall'attività caritatevole di madre Teresa. Si calcola che, ancora oggi, oltre il 25 per cento della popolazione viva sotto la soglia di povertà. La fonte principale di alimentazione per la popolazione povera è il riso, accompagnato dai latticini. Anche l'India ha problemi di autonomia energetica in quanto la pur grande attività di estrazione carbonifera non le assicura l'autosufficienza, per cui è costretta a rilevanti acquisti di prodotti petroliferi. Il cuore dell'economia indiana ha varie articolazioni: da Bombay, sede della borsa locale, a Udaipur, sede di importanti industrie, come pure Jamshedpur e Damodar, considerata la Ruhr indiana. L'industria informatica è concentrata a Bangalore, dove hanno sede i centri di elaborazione dati di Deutsche Bank, Microsoft, General Motors per citare solo alcune delle più importanti aziende.L'elevato tasso di inflazione è un pericolo soprattutto per la popolazione più povera, che vede ulteriormente ridursi la propria capacità di acquisto.

Il confronto col gigante cinese è inevitabile ed abbraccia tutti i campi dell'economia e dell'organizzazione sociale. Mentre la Cina ha un'organizzazione politica ed economica fortemente centralizzata e controllata dal partito comunista, l'India ha una miriade di partiti e una classe politica espressione di elezioni democratiche. La Cina ha una potenza militare inferiore solo a quella americana e una sfera di influenza politica planetaria. Le comunità cinesi residenti all'estero diventano di anno in anno più intraprendenti e economicamente importanti. Tutto sembrerebbe giocare a favore della Cina in questo confronto tra giganti, però considerando gli alti tassi di crescita delle due nazioni si intuisce che la partita per la supremazia in Asia è ancora aperta e tutta da giocare. Per il momento il confronto è apparentemente pacifico ma i punti di attrito non mancano, dall'occupazione del Tibet da parte della Cina, ai sussulti nazionalisti dal Panjab, alla concorrenza per gli approvvigionamenti petroliferi, ai rischi di inquinamento prodotti da crescite così elevate. È in queste nazioni che si giocherà nei prossimi decenni la questione ambientale. I rischi di inquinamento globale salgono a livelli preoccupanti, vista la scarsa attenzione fino ad ora dimostrata dai governi di questi paesi e dalle aziende che vi operano per il rispetto dell'ambiente e l'adozione di adeguate misure anti-inquinamento.

La Russia

L'influenza russa sullo scacchiere politico ed economico mondiale ha subito un repentino arretramento dopo la crisi del regime comunista nel 1989. In pochi mesi si è dissolto il sistema di potere, nato a seguito degli accordi di Yalta del 1943, che aveva delineato un nuovo ordine mondiale, alla fine della seconda guerra mondiale. L'Unione delle Repubbliche Socialiste Sovietiche e i paesi della c.d.

Cortina di Ferro dopo il 1989 hanno avuto la possibilità di affrancarsi dal controllo sovietico. La Germania dell'Est si è unita a quella dell'Ovest, Polonia, Ungheria e Cecoslovacchia hanno aderito all'Unione Europea, Bulgaria Romania e Albania si sono avviate verso un governo democratico e le repubbliche dell'ex Jugoslavia, dopo una lunga guerra civile sono in marcia verso la democrazia. All'interno della Federazione Russia si sono verificate numerose defezioni: tra le quali quella delle Repubbliche Baltiche, dell'Ucraina e della Bielorussia. Dopo il crollo del regime sovietico l'economia russa è stata investita dalla crisi finanziaria asiatica degli anni novanta, che ha portato al *default* del debito pubblico e al deprezzamento del rublo nel 1998. L'economia ha iniziato a riprendersi nel 1999 e da quel momento, fino al 2008, è iniziata una fase di elevata crescita con variazioni del PIL in misura superiore al 5 per cento annuo. Dal 2008, con l'inizio della crisi finanziaria americana, l'economia russa ha subito vistosi cali nella produzione e nei consumi. L'invasione dell'Ucraina e la conseguente guerra che va avanti dal 2022 condizionano pesantemente la stessa economia, sempre più coinvolta nella produzione bellica.

La Federazione Russa ha un territorio di 17 milioni di chilometri quadrati, il più vasto a livello mondiale, e una popolazione di 143 milioni di persone, con un PIL di 2 miliardi e 300 milioni di dollari, che è il sesto al mondo. Il suo territorio è particolarmente ricco di risorse naturali: petrolio, gas naturale, ferro, rame e nichel. Queste risorse alimentano il mercato delle esportazioni e fanno affluire elevate quantità di valute estere; questo *surplus* ha permesso alla Russia di accumulare crescenti riserve valutarie. Nel 2010 l'attivo della bilancia commerciale è stato di 112 miliardi di dollari e le riserve valutarie sono lievitate fino a raggiungere i 460 miliardi di dollari. Tuttavia negli ultimi anni il crollo del prezzo del petrolio ha impattato pesantemente sulla solidità della bilancia commerciale.

Nonostante il crollo del regime comunista, la catena di comando politica ed economica russa è ancora fortemente accentrata nelle mani del primo ministro Vladimir Putin, del presidente Dmitrij Medvedev e di pochi altri personaggi del mondo politico ed economico. Questo accentramento impedisce un controllo democratico sulla trasparenza e sull'onestà dei comportamenti.

A riprova di questo possiamo citare la corruzione e gli indebiti arricchimenti che dilagano nel paese. Queste storture si ripercuotono anche nel sistema creditizio, poiché pochi miliardari sono azionisti di riferimento di alcune delle principali banche, e ne influenzano le scelte a loro vantaggio. Altro problema, afferente la distribuzione della ricchezza, è inerente alle differenze tra il reddito delle aree urbane più importanti e quello delle aree rurali e periferiche, in particolare di quelle asiatiche. Notevoli difficoltà per il tenore di vita della popolazione derivano dagli elevati tassi di inflazione, che negli ultimi due decenni hanno viaggiato su ritmi intorno al 10 per cento annuo.

La sfida russa per il futuro è proiettata nella capacità che mostrerà di offrire nuove prospettive e opportunità alla sua popolazione. Le linee guida da seguire sono la ricerca di una crescente democrazia partecipativa, di una modernizzazione dell'apparato statale e produttivo, della creazione e diffusione di una rete di servizi innovativi. Da queste riforme potranno svilupparsi nuove iniziative economiche, culturali e sociali e consolidarsi la capacità del paese di integrare le diverse etnie che compongono la federazione. L'invasione dell'Ucraina con il conseguente arruolamento di decine di migliaia di uomini nell'esercito e la repressione di ogni forma di dissenso sicuramente non agevola il processo di democratizzazione e l'integrazione multietnica.

Il Brasile

La storia del Brasile è costellata da una lunga serie di soprusi, ingiustizie e prepotenze. Dopo la secolare dominazione portoghese, iniziata nel XVI secolo e conclusasi nel XIX secolo, il paese ha subito l'egemonia di pochi latifondisti che dettavano legge e dal 1964 anche una dura dittatura militare. Solo a partire dal 1985 il paese è tornato alla democrazia, anche se la corruzione ha continuato a dilagare ai massimi livelli. La vera svolta popolare si è avuta nel 2003 con l'elezione a presidente della repubblica dell'ex sindacalista Liuz Inàcio Lula da Silva. Da quel momento è iniziata l'ascesa che ha portato il paese ad una crescita sostenuta, tanto da farlo arrivare ad essere la nona potenza economica mondiale con una forte crescita del PIL. A fronte di una crescita così impetuosa rimangono gravi diseguaglianze sociali con un 30 per cento della popolazione che vive sotto la soglia di povertà.

Il paese è ricchissimo di risorse naturali: dalle foreste al caffè, dalle banane al cacao, dal ferro all'oro. Il Brasile ha una superficie di 8,5 milioni di chilometri quadrati e una popolazione di 190 milioni di abitanti. Il cuore pulsante della finanza brasiliana è situato a San Paolo del Brasile, che, con gli oltre 11 milioni di abitanti, è la più grande metropoli del Sud America. Nel continente sud americano si sono insediate molte attività di potenti multinazionali, che si sono comportate da veri e propri centri di potere, capaci di influenzare le scelte governative. Queste multinazionali hanno spesso avuto comportamenti predatori, operando per massimizzare i profitti, senza alcun rispetto per l'ambiente e per la natura.

Nonostante ciò, tra i paesi del c.d. BRIC il Brasile è quello che possiede le migliori possibilità di una crescita armonica nel segno della sostenibilità. Le immense distese della foresta amazzonica, l'impetuoso corso del Rio delle Amazzoni, le lunghissime spiagge oceaniche sono ancor oggi in buona misura intatte. Ma il governo deve agire subito, perché i ritmi di distruzione del patrimonio ambientale sono velocissimi. Una decisa scelta di campo a favore di uno sviluppo eco-sostenibile consentirebbe non solo al Brasile, ma, come effetto domino, all'intero continente sud americano di continuare ad essere uno dei polmoni verdi del mondo ed un esempio unico di bio-diversità. Un continente che ha immense possibilità di crescita economica: per le grandi riserve petrolifere venezuelane, per la dinamicità dell'economia cilena, per le bellezze naturali che offrono panorami mozzafiato, come la cordigliera delle Ande, le foreste amazzoniche, le Pampas argentine, le isole Galapagos. Il turismo è una delle potenzialità maggiori del continente. Un turismo da incentivare con voli *no cost,* intercontinentali ed interni, che rendano possibili afflussi turistici sempre più significativi. Qui la natura è ridente ed invita alla gioia e alla spensieratezza. È universalmente noto il carattere gioviale e gaudente del popolo brasiliano, la cui giocosità esplode incontenibile in manifestazioni quali il Carnevale di Rio e nel *tifo colorato* durante le partite di calcio. Grandi campioni di calcio come Pelè, grandi ballerini di samba, grandi compositori come Jobim, grandi politici come il presidente Lula, offrono l'immagine del Brasile più autentico, un miscuglio riuscito di gente proveniente da tutto il mondo, che vive felice, a dispetto di tutte le difficoltà e ingiustizie, in questa nuova patria. Raccontare l'economia del Brasile senza descriverne questi aspetti rischia di darne un quadro asettico, che non rispecchia l'eccezionale voglia di vivere e di divertirsi di questo popolo unico al mondo. Questo non significa ignorare che anche qui esistono ed operano *gli gnomi della finanza,* attaccati al *dio denaro,* come avviene in tutto il mondo, ma offre un quadro delle opportunità che il paese potrebbe avere se scegliesse di privilegiare scelte di crescita nel segno della sostenibilità e della salvaguardia ambientale. Oggi un 4 per cento del territorio brasiliano è parco nazionale, protetto dallo sfruttamento e dalla deforestazione selvaggia. Credo sia la scelta più saggia continuare su questa strada, preservando le bellezze naturali per le generazioni future e costruendo un'economia che si faccia carico dell'impatto ambientale che le sue attività generano. Un nuovo futuro può partire da qui, da un continente consapevole delle logiche spoliative che molte multinazionali hanno adoperato per tanti anni. Sarebbe la nascita di una nuova cultura ambientale, che permetterebbe di godere appieno dei vantaggi e delle potenzialità che il Brasile offre.

La Svizzera

Chi pensava che l'economia svizzera sarebbe stata messa ai margini dall'avvento della zona euro ha dovuto rapidamente ricredersi perché, come avviene ormai da decenni, nei momenti di crisi la Svizzera resta uno degli approdi sicuri per chi vuole tutelare i suoi capitali. La solidità elvetica deriva da un'organizzazione politico-sociale attenta al rigore finanziario, alla trasparenza amministrativa, alla democrazia federale e partecipativa. Questo piccolo stato strategicamente incastonato nelle Alpi tra Francia, Italia e Germania, ha da secoli attratto personaggi scomodi per i potenti a cui la federazione concedeva l'asilo politico. Si è così sviluppata una società multietnica e tollerante che ha integrato in sé diverse culture. In campo economico la Svizzera ha goduto dei benefici della sua tradizionale neutralità, che l'hanno messa al riparo dalle devastazioni delle due guerre mondiali. Durante i conflitti mondiali ingenti capitali sono stati trasferiti in Svizzera per timore che venissero razziati durante la guerra o sequestrati dopo la fine del conflitto. La Svizzera ha sempre fatto della riservatezza uno dei punti fermi della sua politica finanziaria. I banchieri svizzeri vengono chiamati con l'appellativo di *gnomi di Zurigo*, che sintetizza la loro capacità di attrarre e far fruttare i capitali. Nel nomignolo è insita anche una velata allusione alla loro durezza e spietatezza, che non guarda in faccia nessuno quando ci sono da fare affari. Nei giorni in cui le crisi finanziarie sono più dure e bruciano centinaia di miliardi di dollari, l'approdo più sicuro resta il franco svizzero, considerato, insieme ai metalli preziosi, il rifugio più sicuro dove mettere al riparo i capitali dalle turbolenze. Di fronte a un sistema internazionale che stenta a trovare un equilibrio e nuove regole, di fronte alla Federal Reserve e alla BCE costrette a coniare *a getto continuo* nuove banconote, i capitali fuggono dalle obbligazioni e dalle azioni e cercano parcheggio nella solidità dei beni rifugio. Dal 2011 il franco svizzero si è fortemente rivalutato nei confronti del dollaro e dell'euro, testimoniandone la solidità e l'appetibilità. La Svizzera basa la sua solidità economica su un bilancio pubblico in pareggio e su un livello di indebitamento al di sotto del 40 per cento del PIL. Altri punti di forza della Svizzera sono i servizi pubblici che funzionano in modo efficiente, gli incentivi che vengono stanziati per lo studio e la formazione, le università che integrano alla perfezione cultura e ricerca. L'economia svizzera oltre che sulla finanza, in cui opera un colosso come UBS, che ha assorbito anche Credit Suisse, è particolarmente attiva nel settore alimentare con una multinazionale quale Nestlè, nell'orologeria con marchi quali Omega, Rolex, Longines e , nella farmaceutica con Roche e Novartis. La forza della borsa di Zurigo è dovuta in buona misura a una vasta platea di aziende quotate che operano in modo capillare nel territorio e che riescono a restare competitive in campo internazionale. Per dare un'idea dell'efficienza svizzera nella gestione della spesa e del prelievo, l'onere fiscale in capo alle aziende e alle famiglie è del 29,2 per cento contro il 44 per cento dell'Italia, con servizi di qualità nettamente superiore. Ma in Italia sappiamo che l'evasione fiscale e gli sprechi nel settore pubblico aprono voragini nel debito dello stato. La Svizzera continuerà ad essere un paese virtuoso dal punto di vista economico e ad attrarre capitali e forza lavoro dai paesi vicini. Anche in epoca di crisi il tasso di disoccupazione rimane contenuto al 4,3 per cento, un dato positivo rispetto ai paesi confinanti ma che non deve essere sottovalutato per un'economia abituata alla *piena occupazione.*

La ricca Svizzera, pulita ed efficiente, mostra di sé un'immagine di forza e di operosità, i suoi prodotti sono sinonimo di qualità, la qualità della vita e la cultura sono valori particolarmente incentivati. Ma anche qui, come nel resto del mondo, la paura della gente è di perdere il posto di lavoro e con esso lo *standard di vita* a cui si è abituati.

Arabia Saudita ed Emirati Arabi

Una cascata ininterrotta di dollari cade, oramai da quasi un secolo, sulla penisola arabica, grazie all'*oro nero* che sgorga dal sottosuolo ed alimenta i consumi energetici di tutto il mondo.

Una vera e propria *manna dal cielo*, che ha reso gli sceicchi del petrolio dei personaggi tra i più ricchi e potenti della terra. Stuoli di mogli, figli ed accompagnatori si muovono al loro seguito nei luoghi più esclusivi del pianeta. Se visitate gli hotel e i negozi più eleganti di Londra, New York, Parigi, Ginevra, vedrete che a farla da padroni sono *i signori del petrolio*. Un'*elite* che ha il potere di aprire e chiudere i rubinetti dell'*oro nero* e di deciderne il prezzo, e in base a questo condizionare l'economia di tutto il mondo e il benessere economico di miliardi di persone. Per il petrolio si sono combattute le due guerre del Golfo, ed a causa sua si combatte ogni giorno una guerra sotterranea, fatta di spionaggio, di lusinghe e di corruzione, per assicurarsi lo sfruttamento dei pozzi, l'approvvigionamento, le vie di trasporto e la raffinazione.

L'Arabia Saudita, il Kuwaiti, gli Emirati Arabi e Dubai gestiscono una valanga di soldi che quotidianamente li sommerge. Questi Stati nell'ultimo secolo hanno conosciuto una trasformazione epocale da un punto di vista architettonico e industriale. La maggior parte degli sforzi sono stati rivolti a creare condizioni di vita da *nababbi* per la classe dominante e a investire in modo oculato i guadagni, in modo da poter contare su rendite sicure quando, tra alcuni decenni, le riserve petrolifere si esauriranno.

La prima scoperta del petrolio nella penisola arabica risale al 1938 e da quel momento è iniziata una sfida senza esclusione di colpi tra le *major* petrolifere per assicurarsene lo sfruttamento. Lo stesso Hitler, durante la seconda guerra mondiale, con una manovra a tenaglia tra Africa e Russia aveva tentato di assicurarsene il possesso, ma era stato costretto alla ritirata dopo le disfatte di Stalingrado e di El Alamein. Al termine della seconda guerra mondiale la supremazia inglese sulla penisola arabica è stata soppiantata da quella americana, che da allora ha sempre vegliato con le sue portaerei sulla stabilità politica della regione. Anche gli arabi sanno perfettamente che la produzione dei prodotti petroliferi ha ormai raggiunto il suo picco e che le riserve sono sempre più esigue; così iniziano a guardarsi intorno per capire quale sarà il futuro energetico del pianeta. Nel gennaio 2009 Abu Dhabi ha ospitato il *World Future Energy*. Nel 2011 l'Arabia Saudita ha presentato un piano di investimenti da 100 miliardi di dollari sulle energie rinnovabili. A livello politico l'Arabia Saudita è governata da una monarchia assoluta che reprime ogni anelito democratico. La la guerra in Siria e l'instabilità in Yemen non fa dormire sonni tranquilli al re e alla sua corte. Una corte che non vuole perdere i suoi privilegi e continua a destinare tutto il petrolio estratto all'esportazione, cercando di succhiare dal sottosuolo fino all'ultima goccia dell'*oro nero*. Alla popolazione sono rimaste solo le briciole dell'immensa ricchezza, tanto che il reddito medio *pro capite,* non ha mai superato i 10 mila dollari. Gravi sono stati, e continuano ad esserlo, le responsabilità e gli errori commessi dagli Stati Uniti, che invece di favorire l'ascesa di governi democratici hanno cristallizzato la situazione favorendo regimi repressivi, che tutelano gli interessi delle multinazionali petrolifere. Poco importa se la sfacciata ricchezza di pochi ha come contraltare la sofferenza di molti: una sofferenza fatta di sfruttamento, inquinamento, repressione, povertà. Nella maggior parte dei paesi produttori le cose non vanno affatto meglio: ad esempio in Nigeria, paese che negli ultimi anni ha incassato 400 miliardi di petrodollari, dove l'80 per cento degli introiti è andato all'1 per cento della popolazione. Da Mosca e Caracas, da Bagdad a Tripoli, la guerra del petrolio continua senza tregua e senza esclusione di colpi. E di tutto questo gode la Aramco Saudi, la compagnia di stato saudita che gestisce le risorse petrolifere, una delle più ricche aziende del mondo con capitali che si contano in triliardi di dollari.

L'Italia

C'è un aspetto della crisi economica italiana che viene colpevolmente sottovalutato da ormai cinquant'anni. Esponiamo il problema in tutta la sua crudezza: fino a quando il debito pubblico continuerà ad aumentare ai ritmi attuali, qualsiasi manovra correttiva sarà perfettamente inutile, se non andrà a colpire la cancrena che ci divora. La cancrena si annida nell'evasione fiscale, nella corruzione, nelle attività malavitose, negli appalti irregolari, nei consigli di amministrazione e nelle consulenze della pubblica amministrazione, nel riciclaggio del *denaro sporco.* Le stime ufficiali quantificano in 250-300 miliardi di euro l'ammontare di reddito imponibile nascosto al fisco. Il palazzo fa finta di ignorare questi dati ed ogni volta che un funzionario scrupoloso li denuncia la classe politica *fa spallucce,* troppo presa dalla paura di perdere i privilegi acquisiti. Quando diventa improrogabile pagare un prezzo agli sprechi e alla corruzione, si vanno a colpire sempre i soliti, quelli che pagano le tasse ed operano alla luce del sole. Non interessa capire che da quel limone resta ormai ben poco da spremere e che i palliativi non servono più. Il debito pubblico, nel 2023, supera i 2800 miliardi di euro, ben oltre il 140 per cento del PIL. Oltre la metà del PIL italiano va a finanziare la spesa pubblica corrente, mentre gli investimenti si fermano a un ridicolo 3 per cento. È del tutto evidente che va corretta la composizione della spesa pubblica. Vanno drasticamente ridotte le spese correnti ed aumentate significativamente le spese per investimenti. È indispensabile ripristinare un'etica della politica e dell'economia, vanno spezzate le catene malavitose che si annidano nel palazzo. Non ci sono altre strade: pensare a una crescita economica in una società dove non si concorre ad armi pari, stretti tra la concorrenza sleale di chi opera in nero, tra debiti, pizzi e ricatti è un'illusione del tutto fuori dalla realtà. L'Italia per riprendere quota ha bisogno di una rinascita morale frutto della volontà dei suoi cittadini che deve trasferirsi nei palazzi del potere attraverso riforme e comportamenti orientati al servizio della collettività. Ai ritmi attuali l'Italia scivolerà inesorabilmente nella classifica dei paesi più ricchi e nel 2050 si troverà al quindicesimo posto insidiata dalla Corea del Sud. Questa prospettiva di declino politico economico deve essere di stimolo ai paesi europei per rafforzare i loro legami. Davanti alla forza e alla determinazione con cui i paesi emergenti, Cina *in primis,* si stanno muovendo per acquisire posizioni privilegiate in tutto il pianeta, l'Europa deve rispondere rafforzando i legami politici ed economici. È vitale che alla moneta unica si affianchino degli organismi di governo aventi piena delega in materia di politica comunitaria ed internazionale. L'Europa, all'avanguardia per democrazia, *welfare,* stato di diritto, ha il dovere morale di superare i nazionalismi, che fino ad ora ne hanno frenato l'integrazione, e puntare con decisione a diventare un unico popolo con un unico governo. Le dimensioni e la popolazione degli altri *players* non lasciano alternative, per continuare a svolgere un ruolo di primo piano sullo scacchiere internazionale l'Europa deve puntare dritta verso l'integrazione. Il gran numero di paesi che chiede di entrare a far parte dell'Unione Europea testimonia il valore politico, sociale ed economico rappresentato da un Continente unito e democratico. Tanti italiani illuminati hanno lottato perché si possa giungere a questo risultato da Luigi Einaudi a Alcide de Gasperi, da Gualtiero Spinelli a Lorenzo Natali, ora è necessario unire le forze di tutti i popoli europei per dire a gran voce che è giunto il momento di completare il lavoro e le aspirazioni di tanti personaggi illuminati e farle diventare aspirazioni e volontà popolare. La sola alternativa è rappresentata dal naufragio del progetto di unificazione europea, del quale si sono già visti i progromi, con l'uscita del Regno Unito dalla Unione Europea

Le tendenze future e i nuovi players.

Abbiamo fatto una panoramica dei principali Stati che gestiscono la finanza mondiale. Se allargassimo la visuale al 2050 potremmo osservare che lo scenario internazionale, ai ritmi di crescita odierni, subirà dei cambiamenti profondi e nuovi *players* si affermeranno sullo scenario economico mondiale. La supremazia economica statunitense potrebbe essere sostituita da quella cinese. L'India, dal canto suo, potrebbe diventare la seconda economia del pianeta. A notevole distanza si potrebbero collocare il Brasile, il Giappone, il Messico e l'Indonesia.

A quel punto l'egemonia americana sarebbe solo un ricordo del passato e si realizzerebbe un nuovo equilibrio multipolare. Anche la supremazia dei paesi del G7 (USA, Regno Unito, Francia, Giappone, Germania, Italia e Canada) sarebbe superata in quanto le economie dei paesi emergenti diventerebbero superiori di oltre il 50 per cento rispetto a quelle dei vecchi protagonisti della scena economica. I ritmi di crescita delle economie emergenti negli ultimi venti anni hanno superato di gran lunga quello delle economie avanzate e nei prossimi anni la tendenza dovrebbe essere confermata con una crescita intorno al 5 per cento per gli emergenti contro un 2,5 per cento scarso dei paesi del G7. Non dobbiamo poi dimenticare il continente africano che nei prossimi decenni potrebbe conoscere ritmi di crescita a due cifre con paesi quali Sud Africa, Angola ed Egitto a trainarne la volata. L'equilibrio multipolare abbraccerebbe tutti i continenti, perché non possiamo sottovalutare nemmeno le potenzialità del continente australe, con l'Australia a tirare la volata viste le risorse naturali che possiede e la vastità del territorio.

L'economia mondiale diventerà sempre più interdipendente e nuove opportunità globali si offriranno agli investitori. Queste opportunità potranno essere colte al massimo grado se si arriverà a un nuovo ordine finanziario globale con la fine del *dollar standard* e la sua sostituzione con un paniere di valute internazionali. Queste novità internazionali andranno ad impattare fortemente anche nel mondo aziendale, dove le multinazionali dei paesi sviluppati si troveranno a competere con nuovi *players* aiutati dai ritmi di crescita delle loro economie. Se nel 2000 la capitalizzazione di borsa era per il 90 per cento appannaggio delle aziende dei paesi del G7, già nel 2011 si è arrivati al 66 per cento e si intravede nel prossimo futuro il sorpasso a favore delle aziende delle economie emergenti. Dal 2006 al 2011 le quotazioni delle multinazionali dei paesi emergenti sono cresciute del 130 per cento contro un 6 per cento delle aziende dei paesi del G7. I paesi che fino ad oggi hanno dominato il mondo fanno resistenza per mantenere un potere che ormai è più apparente che reale. Il G20 viene, con sufficienza, considerato solo un tavolo di consultazione, lasciando le decisioni al tavolo più ristretto. Ma questo, logicamente, crea tensioni sui mercati valutari perché le decisioni vengono calate dall'alto e non sono assunte collegialmente, per cui i paesi emergenti si sentono liberi di potersi muovere in modo autonomo per tutelare al meglio i loro interessi, prova ne sia il recente allargamento dei paesi denominati BRICS con l'inclusione di nuovi importanti stati quali Argentina, Egitto, Etiopia, Iran, Arabia Saudita ed Emirati Arabi.

Capitolo quinto

Il potere economico delle multinazionali

Le multinazionali informatiche

Le crisi economiche hanno la caratteristica di spostare potere e ricchezza da una nazione ad un'altra e da un settore economico verso un altro. Come abbiamo visto nel capitolo precedente la tendenza è verso un arricchimento dei paesi emergenti a discapito dei paesi occidentali. Per quanto attiene invece la rotazione settoriale la tendenza è verso un'affermazione delle aziende telematiche a discapito di quelle energetiche, finanziarie e meccaniche, che fino a poco tempo fa dominavano il mercato azionario.

Gli investitori avevano già previsto questa affermazione dagli anni 1998 fino al 2001, ma avevano sopravalutato le potenzialità di crescita di queste aziende, premiandole con quotazioni azionarie decisamente gonfiate dalla speculazione. La conseguenza era stata la bolla informatica che al suo esplodere, aveva provocato la caduta delle quotazioni, ampliatasi dopo l'attentato terroristico alle Twin Towers. Sgonfiatosi il fattore speculativo, la tendenza alla crescita delle aziende telematiche ha continuato a prendere consistenza, premiando le idee più innovative e le attività più creative. Si è così giunti all'estate del 2011, quando la Apple, le cui idee vincenti sono state la fruibilità e la versatilità di utilizzo, ha superato nella classifica delle aziende più capitalizzate nelle Borse di tutto il mondo il gigante petrolifero Exxon. È stato un evento epocale che conferma la forza penetrativa a livello informativo, culturale, pubblicitario e ludico della *new economy*. E non è un fenomeno isolato vista la rapidissima ascesa di altre aziende telematiche quali Microsoft, Google, Facebook. Dietro queste aziende stanno persone che hanno sviluppato visioni futuriste ed idee innovative. Nomi come Steve Jobs, Bill Gates, Larry Page, Sergey Brin, Mark Zuckerberg sono universalmente conosciuti e sono oramai insediati ai primi posti della classifica degli uomini più ricchi del mondo. Come ho già avuto modo di scrivere nelle considerazioni finali del libro "Creatività": *siamo entrati, quasi senza accorgercene nell'era della creatività, dalla catena di montaggio e dal consumismo stiamo trasferendo energie creative, lavoro e opportunità economiche e sociali verso la telematica e il consumo sostenibile. All'informatica e alla rete affidiamo una parte sempre più consistente della nostra vita di relazioni e di orientamento ai consumi. In questa nuova dimensione diventano cruciali il ruolo dell'innovazione, della comunicazione interattiva e della condivisione dei contenuti e delle esperienze.* Nasce un nuovo modo di comunicare, che supera le limitazioni imposte dagli strumenti culturali convenzionali. Oggi ha poco senso il giornale cartaceo con opinioni e notizie cristallizzate, come ha perso la sua centralità il libro di saggistica. Le nuove tecnologie permettono la realizzazione e la diffusione di libri e documenti aperti, non cristallizzati in volumi che non mutano più e i cui contenuti diventano proprietà delle case editrici, tanto che l'autore non li può più nemmeno citare in scritti successivi. L'autore può ora confrontarsi con i lettori, acquisire preziosi suggerimenti, e aggiornare in tempo reale i contenuti dei suoi testi, al progredire delle conoscenze e al mutare delle sue convinzioni. È la possibilità di far conoscere le proprie idee in tempo reale. È il trionfo dell'interazione nella ricerca, è collaborazione creativa a costo zero. Le aziende telematiche di successo attuano in pieno questi concetti: dall'organizzazione a rete alla libertà creativa data ai propri collaboratori, dall'ascolto dei clienti fino a giungere alla continua ricerca della interattività sia dei prodotti *hardware* sia di quelli *software*. Gli esempi più riusciti sono lo smartphone e il tablet; in particolare lo smartphone unisce i servizi telefonici, internet, la biblioteca letteraria e musicale, i servizi di intrattenimento e di svago, realizzando il sogno di avere un servizio interattivo completo nel palmo della mano.

Le multinazionali petrolifere

Le multinazionali petrolifere continuano a primeggiare nella classifica delle borse mondiali. La Exxon Mobil gareggia con la Apple, energia contro informatica, per il primo posto con una capitalizzazione intorno ai 330 miliardi di dollari. Al terzo posto si è insediata stabilmente la principale compagnia petrolifera cinese, la Petrochina con 276 miliardi di dollari. Altre compagnie ai vertici mondiali sono: Royal Dutch Shell, Chevron, Total, British Petroleum, Sinopec Group, Eni, Lukoil, Petrobras, Saudi Aramco. È stato spesso detto che i grandi gruppi petroliferi sono al centro di una sfida planetaria per il controllo delle fonti energetiche. Oggi la competizione si spinge nei luoghi più remoti del pianeta e le perforazioni non risparmiano nemmeno i fondali oceanici, come è stato tragicamente evidenziato dall'incidente avvenuto sui fondali del Golfo del Messico nel 2010 con la fuoriuscita in mare di grandi quantità di petrolio. Per questo incidente ha pagato la British Petroleum, con indennizzi miliardari al governo americano, ma una serie di altri incidenti ha costellato l'attività petrolifera in tutto il mondo, con costi incalcolabili in termini di inquinamento, riciclaggio, degrado ambientale. Questi costi sono sempre stati rimossi dal calcolo economico perdite-profitti, e grazie a questo fatto l'attività petrolifera è sempre stata una delle più redditizie a livello economico. Gli interessi in gioco e la *fame di energia* sono troppo grandi per fermarsi davanti a qualsiasi ostacolo: in nome dell'approvvigionamento petrolifero si sono abbattuti governi democratici, sono stati aiutati e sostenuti regimi autoritari, sono stati inquinati oceani e territori. Prima le *major* petrolifere si chiamavano *le Sette Sorelle* e il fondatore dell'ENI Enrico Mattei si rese presto conto di cosa voleva dire contrastarne l'egemonia e metterne in pericolo i profitti. Erano loro che fissavano il prezzo del petrolio e le quantità da estrarre. Controllavano l'intera linea commerciale degli idrocarburi, dall'estrazione al trasporto, dalla raffinazione alla commercializzazione. La situazione mutò negli anni settanta con l'avvento dell'OPEC, che riuniva in un centro di potere i paesi produttori. Iniziarono le nazionalizzazioni e il ritiro delle licenze; il potere decisionale passò nella mani dell'Organizzazione che determinava le quantità da produrre e i prezzi di riferimento. Oggi la situazione ha subíto nuovi cambiamenti e sono entrati in gioco gli interessi delle economie emergenti, portati avanti dalle compagnie nazionali. Raggiunto il picco produttivo, tutti cercano di assicurarsi la maggior quantità di idrocarburi possibile, mentre il livello dei prezzi oscilla tra i 30 e i 50 dollari al barile. Le prospettive sono quelle di una lenta contrazione della capacità estrattiva globale e già oggi le compagnie più avvedute cercano nuove vie per la produzione di energia. Crescono gli investimenti per la ricerca di fonti alternative, dal fotovoltaico al *biofuel,* dall'eolico agli impianti all'idrogeno. Un discorso a sé merita l'energia nucleare, che ad oggi è la più utilizzata dopo gli idrocarburi. Sulla sicurezza del nucleare pesano come macigni gli incidenti di Chernobyl e di Fukushima, che hanno impaurito e fatto riflettere l'opinione pubblica di tutto il mondo. Un altro punto a sfavore del nucleare è quello dello stoccaggio e dello smaltimento delle scorie di uranio radioattivo, che restano pericolose per migliaia di anni. Quello energetico è uno dei principali problemi che la crescita economica globale pone: fino ad oggi si è privilegiata la politica della crescita e dei profitti senza far pagare i danni ambientali prodotti dall'industria petrolifera. I governi degli Stati coinvolti erano troppo deboli o troppo condiscendenti e chi si è opposto ha pagato il suo coraggio con l'isolamento politico, la rimozione e se non bastava con la morte. Dove l'uomo può operare senza un sistema di regole e di controlli il rischio è sempre quello dell'abuso e del profitto illecito. Certo è che chi ha investito nel petrolio, fino ad oggi ha ampiamente lucrato, con profitti che pochi altri settori hanno raggiunto. Ora siamo a un punto cruciale ed inizia a farsi sentire l'urgenza di decidere quali saranno le energie del futuro: ancora energie fossili ed inquinanti o energie rinnovabili che però tolgono potere e profitti alle multinazionali?

Le multinazionali del credito e della finanza

La crisi finanziaria, iniziata nel 2008, ha portato al fallimento della Lehman Brothers e al salvataggio di decine di banche in tutto il mondo con interventi di sostegno da parte dei governi nazionali.

La crisi iniziata nel 2008 ha evidenziato che le banche stanno perdendo il loro ruolo originario, che era quello di raccolta e remunerazione del risparmio privato e di consulenza e prestiti per le famiglie e per le attività imprenditoriali. Le banche stanno trasformandosi in anonimi operatori *online*, dove il rapporto è spersonalizzato e il cliente è incentivato a fare tutto da casa. Il personale è dirottato verso il rapporto consulenziale, attraverso il quale vengono offerti prodotti finanziari, che non sempre hanno le caratteristiche di trasparenza e di tranquillità per il cliente. I prodotti derivati sono serviti per *affibbiare* ad inconsapevoli investitori crediti difficilmente riscuotibili, cercando di allontanare da sé la *patata bollente*. Purtroppo con quella *patata* si sono scottati in tanti, banche, privati ed anche Stati, come è avvenuto in Argentina e in Islanda. Molti, allettati dai guadagni a due cifre, hanno abboccato all'amo e si sono ritrovati con capitali dimezzati o, nei casi più clamorosi, con *bond spazzatura,* come quelli argentini o della Parmalat. Ancora oggi nel mondo della finanza girano i nuovi Madoff, che allettano e promettono, ma presi i nostri risparmi li tramutano in strumenti finanziari su cui incombe ogni giorno il rischio insolvenza. La raccomandazione, per quanto superflua, è di tenere gli occhi bene aperti, perché i risparmi che investiamo sono il frutto di fatica e di lavoro e non dobbiamo permettere che cadano nelle mani di avventurieri con pochi scrupoli. Ricercare istituti finanziari e professionisti seri, che non cerchino di affibbiarci prodotti *tossici*, magari porta via un po' di tempo, ma garantisce che a gestire i nostri soldi ci sono società e persone indipendenti che operano nell'esclusivo interesse del cliente.

Le multinazionali farmaceutiche

Big Pharma è l'insieme delle multinazionali farmaceutiche che gestiscono a livello globale la nostra salute. La cura delle malattie è un bisogno primario dell'uomo ed insieme un diritto inalienabile. Il cartello oligopolistico delle *major* farmaceutiche ha spostato l'ottica dei suoi obiettivi dalla ricerca della salute e del benessere dei pazienti alla massimizzazione dei profitti attraverso un'attività di ricerca orientata dal *marketing* e una sottile campagna pubblicitaria condotta sui medici che prescrivono i farmaci. Questo tipo di organizzazione ha lo scopo di indurre consumi farmaceutici, a prescindere dall'effettiva utilità. Da un'inchiesta del Dipartimento di Giustizia degli USA del 2010 è risultato un diffuso sistema di corruzione nel campo sanitario, con pagamento di mazzette a politici e medici di tutto il mondo per vedersi autorizzati a mettere in commercio un farmaco o per far scegliere un prodotto piuttosto che un altro. Da uno studio del 2008 dell'università di York è risultato che l'industria farmaceutica investe in marketing e pubblicità il doppio di quanto investe per la ricerca. Ciò che i cittadini chiedono maggiormente all'industria farmaceutica è la trasparenza, trasparenza nei costi e nei prezzi, trasparenza nelle caratteristiche e negli effetti dei farmaci che assumono. La *mission* di un'azienda farmaceutica è la ricerca, l'ascolto dei bisogni dei cittadini, la risposta a questi bisogni e l'innovazione. Se scorriamo l'elenco delle aziende con il fatturato maggiore, osserviamo che in questo settore lo strapotere delle aziende occidentali è assoluto. Pfizer (USA), Johnson & Johnson (USA), Roche (CH), Novartis (CH), Glaxo (UK), Sanofi (FR), Astra Zeneca (UK), Abbott (USA), Merck (USA), Bayer (GER) sono le prime dieci al mondo. Una concentrazione così marcata pone in capo ai paesi occidentali grandi responsabilità etiche e morali. Paesi che si dicono democratici non possono permettere a grandi aziende che operano in tutto il mondo di formare *cartelli* per tenere elevati i prezzi e impedire, di fatto, l'accesso ai farmaci da parte di miliardi di uomini che vivono sulla *soglia di povertà*. Milioni di morti per malattie virali potrebbero essere evitate se si assicurasse l'accesso ai farmaci anche alla popolazione più povera. La pandemia da coronavirus ha messo in luce che la ricerca è l'unica strada efficace per contrastare e debellare le malattie, come dimostrato dalla capacità dei ricercatori di creare in poco tempo un vaccino efficace contro il COVID. Trovare un punto di equilibrio tra profitto e servizio sociale non sembra impossibile, visti gli ampi margini di guadagno che premia le aziende che operano nel settore. La tendenza è di segno opposto e le multinazionali cercano in ogni modo di accrescere i profitti, come dimostra la chiusura da parte della Pfizer del centro di ricerca che aveva costruito 50 anni fa nel Kent, dove svolgevano la loro attività di studio e ricerca 2400 scienziati. Per rendere l'idea, nel 1990 portare una medicina sul mercato costava 150 milioni di dollari, oggi il costo, gonfiato da spese pubblicitarie e dai costi dell'*iter* burocratico raggiunge 2 miliardi di dollari. La stessa strada della Pfizer hanno seguito la Glaxo che ha chiuso il suo stabilimento nell'Essex, Novartis, Roche e Sanofi Aventis.

Uno dei nodi su cui si gioca il futuro della sanità è quello dell'appropriazione e dell'occultamento dei risultati della ricerca da parte delle multinazionali. Mentre i ricercatori vorrebbero rendere pubblici i loro studi e le relative applicazioni in ambito sanitario, le aziende cercano in ogni modo di proteggere le formule per operare in regime di monopolio.

L'impressione è che in campo sanitario si giochi una buona fetta dei destini dell'umanità. Non è possibile piegarsi a una situazione di così profonda ingiustizia, in cui solo pochi privilegiati hanno accesso alle cure e ai farmaci, mentre i bisognosi possono accedere alle *strutture dorate* e ai farmaci solo come cavie. Questo calvario lo conoscono molto bene le decine di italiani che si recano in Svizzera e mettono a disposizione il loro organismo come *banco di prova* per testare efficacia ed effetti collaterali dei nuovi farmaci, il tutto per un compenso di alcune centinaia di euro, liberatoria inclusa. La farmacologia è sinonimo di cura e di vita, e il continuo innalzamento della vita media della popolazione mondiale testimonia gli importanti progressi che la medicina ha compiuto nell'ultimo secolo. Occorre vigilare e intervenire con un sistema di regole che mettano al centro dell'attività farmaceutica la salute e il benessere di tutta l'umanità.

Le multinazionali alimentari e della grande distribuzione

Wal-Mart occupa il primo posto mondiale nelle aziende con maggiore capitalizzazione borsistica. Inoltre Wal-Mart Stores è saldamente in vetta alla classifica dei ricavi aziendali. Carrefour, Nestlè, Tesco, Metro, Procter & Gamble, sono alcune delle multinazionali con maggiori ricavi che operano nel mercato alimentare e della grande distribuzione. Anche in questo settore la tendenza è verso catene produttive, commerciali e distributive sempre più concentrate in grandi gruppi aziendali. La concentrazione permette di acquisire, produrre, commercializzare i prodotti con margini di ricavo nettamente superiori. Col crescere delle dimensioni aumentano le economie di scala e la possibilità di acquistare e produrre a prezzi più bassi. Dall'attività dei gruppi che operano nella grande distribuzione sono nati i Centri Commerciali, fenomeno di massa e tempio del consumismo. Chi ha visitato questi *paradisi del consumatore* si è reso conto di come il cliente viene blandito in tutti i modi per indurlo a *fare shopping*. Tutto dalla musica, ai profumi, agli assaggi, alle vetrine, alla gentilezza del personale, alle offerte speciali, induce alla tentazione di cedere alle seduzioni dell'acquisto guidato. Le tecniche di *marketing* si sono evolute, ed oggi si parla di *marketing* sensoriale. Per approfondire questi aspetti vi rimando al libro che ho scritto sulla creatività, vi troverete, descritte nei particolari, le tecniche usate per indurre l'acquisto. Nella catena della grande distribuzione si perde il contatto diretto tra produttore e consumatore e si privilegia l'aspetto ludico dell'acquisto. L'attenzione viene distolta dall'utilità e dalla qualità dell'acquisto a favore dell'imitazione e della moda. Si attenua anche la preoccupazione di spendere, perché si può finanziare tutto a tasso zero, magari con primo pagamento dopo sei mesi. Poco importa se il tasso zero di TAG, diventa poi il 16 per cento di TAEG, l'importante è indurre a pensare che l'acquisto è un affare e che a pagare c'è sempre tempo. I grandi sconfitti di questo gioco sono i piccoli produttori che non hanno forza contrattuale e che sono costretti a vendere i loro prodotti a prezzi irrisori. La crisi del settore agricolo è dovuta, in particolare, ai prezzi di vendita che non bastano più a coprire i costi. Così molte aziende sono costrette a indebitarsi con le banche e rischiano di perdere tutto: campi, attrezzature e pure la casa. Solo le cooperative meglio organizzate riescono a restare sul mercato e a pagare prezzi adeguati ai produttori. Tra gli agricoltori oggi si salva solo chi riesce a vendere direttamente i propri prodotti o a offrirli a tavola negli agriturismi a conduzione diretta. La speculazione opera, in modo ancora più marcato, anche nei paesi in via di sviluppo dove agiscono le multinazionali alimentari e i latifondisti. La produzione di caffè, cacao, frutta, cotone, lana e di tante altre merci sfrutta il lavoro dei nuovi schiavi, che sono tenuti ai limiti della sopravvivenza. Fa male parlare di questi fatti nel 2011, ma purtroppo sono la dura realtà per miliardi di persone. Anche i paesi occidentali, fino ad oggi abituati a vedere lo sfruttamento, da lontano, attraverso la televisione, iniziano a conoscere la vera povertà e la miseria. La crisi sistemica che stiamo vivendo, e che sta spostando gli equilibri mondiali a favore delle economie dei paesi emergenti, allontana ogni giorno di più l'illusione di poter vivere e prosperare stando seduti su *una montagna di debiti.* Tutti sappiamo che i debiti vanno onorati e che l'unica alternativa è il *default,* la bancarotta, il fallimento. Chi presta soldi non lo fa quasi mai per filantropia ma per lucrare sugli interessi. Tanto maggiore è il numero dei debitori, tanto più si concentra la ricchezza. Se i creditori devono preoccuparsi degli incagli e delle insolvenze, ma per questo sono nate e prosperano le agenzie di recupero crediti, Equitalia *in primis*, i debitori vedono sulla testa *la spada di Damocle* di perdere tutto e di ritrovarsi sulla strada. Ed allora si rispolvera l'arte di arrangiarsi, prendere oggi tutto quel che si può, credere quasi alle bugie che si dicono, illudersi che domani si potrà onorare una parola che ormai non ha più alcuna attendibilità.

Le multinazionali assicurative

In Italia e nella maggior parte dei paesi della UE le assicurazioni sociali coprono una vasta gamma di rischi, mentre in altre nazioni sono lasciate alla discrezionalità del privato. Il *welfare* europeo ha garantito per decenni la possibilità di accedere a un sistema pubblico che interviene al verificarsi dell'evento protetto. Nel caso della previdenza assicurativa il servizio, la prestazione o l'indennizzo è legato al pagamento di un contributo. Così le pensioni di vecchiaia e di anzianità, le indennità di disoccupazione e di maternità, la cassa integrazione, le indennità derivanti da infortuni sul lavoro sono legate alle somme accumulate dall'intera platea dei contribuenti soggetti al pagamento dei contributi all'INPS, all'INPDAP e all'INAIL. Altre prestazioni sono invece denominate assistenziali in quanto vengono erogate al verificarsi di eventi predeterminati dalla legge ma non coperti dal versamento di contributi. Queste prestazioni sono a carico dello Stato e, in alcuni casi, degli enti locali. Tra queste prestazioni assistenziali rientrano le pensioni sociali e quelle di invalidità civile, la cassa integrazione straordinaria, le indennità di accompagnamento. Per queste voci lo Stato versa ogni anno all'INPS, che in Italia è il vero pilastro delle politiche di *welfare,* una cifra che si aggira sugli 80 miliardi di euro. La crisi attuale, aggravata in Italia dal pesante deficit statale che ha superato il 140 per cento del PIL, sta spingendo i governi europei a ridurre le spese destinate alla protezione degli strati più bisognosi della popolazione e a ridisegnare il sistema della previdenza e dell'assistenza. In altre nazioni, che hanno optato per lasciare sulle spalle dei cittadini l'onere delle coperture assicurative in materia di previdenza e di assistenza, troviamo un sistema che presenta grandi rischi di insolvenza, di mancanza di trasparenza e di perdite economiche, anche elevate. Un esempio preoccupante ci viene dagli Stati Uniti con il fallimento del colosso assicurativo AIG, che ha trasformato in cenere i contributi versati da milioni di americani. Nonostante i 150 miliardi di dollari elargiti come aiuto dal governo statunitense, la voragine dei debiti era troppo grande ed ha travolto non solo l'azienda, ma anche i dipendenti e gli incolpevoli clienti.

Eppure questa società assicurativa fino al 2007 era la seconda al mondo con un patrimonio di 1050 miliardi di dollari, 110 miliardi di utili all'anno e 116 mila occupati. Per le sue sorti è stato fatale acquistare una gran quantità di titoli tossici emessi dalle banche, per cui allo scoppio della crisi si è trovata tra le mani *carta straccia.*

Oggi le maggiori compagnie assicuratrici al mondo per ricavi sono la francese AXA, le tedesche Allianz e Munich Re, l'italiana Assicurazioni Generali, l'inglese Looyds, la giapponese Nippon Life Insurance e l'americana Prudential. L'attività assicurativa sta diventando di anno in anno più rischiosa per l'aumento delle catastrofi naturali che nel solo 2010 sono costate alle compagnie 130 miliardi di dollari, come risulta dal rapporto pubblicato da Munich Re. Tra terremoti, uragani, inondazioni, disastro petrolifero nel Golfo del Messico, *tsunami,* danni provocati dal caldo torrido, l'elenco dei disastri assume dimensioni apocalittiche e spinge le compagnie a consistenti aumenti dei prezzi di listino. Nessun settore dell'attività assicurativa si salva dalla tendenza all'aumento dei premi richiesti, da quello automobilistico a quello danni, da quello furti e incendi a quello eventi naturali. Come può l'imprenditore o il semplice cittadino muoversi in questa giungla di aumenti e di clausole contrattuali senza diventarne una vittima incolpevole. In primo luogo facendo pressione affinché le autorità statali adottino una regolamentazione molto attenta dell'attività assicurativa, ed in questo campo molto è stato già fatto a livello comunitario. Poi scegliere con attenzione, documentandosi e vagliando in modo approfondito le offerte presenti sul mercato. Infine giudicare la compagnia assicurativa in base a parametri oggettivi e, se non è in grado di farlo da solo, deve farsi consigliare da professionisti indipendenti e preparati. La scelta di partenza è fondamentale perché alle assicurazioni affidiamo una parte importante del nostro futuro e la copertura dei rischi che ognuno di noi corre nell'attività giornaliera.

Le multinazionali automobilistiche

Il destino e le fortune delle case automobilistiche si è sempre intrecciato con quello delle multinazionali petrolifere. Osservando la classifica delle aziende con i maggiori ricavi possiamo dire che ad oggi chi si è avvantaggiato maggiormente di questa contiguità sono le *major* petrolifere. Se infatti queste sono ai primi posti nella classifica mondiale, le multinazionali automobilistiche hanno subito pesantemente gli effetti della crisi ed alcuni marchi hanno dovuto cambiare proprietà per sopravvivere. Quel che finora è mancato nel mercato automobilistico è il coraggio e la volontà di abbandonare benzina e diesel per rivolgersi a nuove fonti di alimentazione meno inquinanti e costose. Il sistema basato sul petrolio non può durare ancora a lungo per la scarsità di risorse naturali disponibili, ma le pressioni economiche delle compagnie petrolifere sono fortissime perché si continui a restare ancorati alla *pompa di benzina.* Eppure le alternative non mancano: l'uso dell'energia elettrica e di quella all'idrogeno sono già state sperimentate con successo e sul mercato si stanno finalmente affermando i modelli con alimentazione elettrica. I consumatori sono attratti da queste novità, ma i prezzi di vendita sono ancora elevati e la rete dei distributori è ancora saldamente orientata verso benzina e diesel. Per quanto tempo ancora dovremo subire i prezzi gonfiati che vanno ad arricchire le compagnie petrolifere e a rimpinguare i bilanci statali tramite le *accise*? Anche in questo settore il consumatore è nelle mani di un cartello oligopolistico che *la fa da padrone* e mira solo a massimizzare i profitti.

Le imprese maggiori nel settore automobilistico sono le giapponesi Toyota, Honda, Nissan Motors, Mitsubishi e Mazda, le tedesche Volkswagen, Daimler e BMV, le americane General Motors e Ford, la coreana Hyundai, le francesi Peugeot e Renault, l'indiana Tata.

L'auto è stata negli ultimi 50 anni uno dei principali oggetti di desiderio del consumismo di massa. Questo sia per le opportunità che offre di spostarsi autonomamente per motivi di lavoro o per divertimento, sia come *status symbol*, per dare un'immagine vincente di sé. Sono pochi quelli che considerano l'auto un semplice mezzo di trasporto, per la maggior parte delle persone è anche una trasposizione del proprio *status* sociale. Fino al 1980 il mercato dell'auto era incentrato sui marchi nazionali dei paesi più industrializzati, successivamente la concorrenza internazionale ha iniziato ad essere maggiore e i mercati nazionali si sono aperti ai marchi stranieri.

La tendenza è verso una concentrazione dei marchi e gli esperti del settore prevedono che alla fine di questa sfida sopravvivranno dai cinque ai sette *player* globali. La soglia critica è sui 5 milioni di auto prodotte: attualmente superano questa cifra solo Toyota, Volkswagen, General Motors, Hyundai, mentre le altre variano tra il milione e i tre milioni di auto all'anno. Le variabili di questa sfida sono date dalla possibilità di affermazione di marchi nazionali nelle economie in forte crescita: India, Cina, Russia, Brasile, Messico. La sfida della globalizzazione è quella di contenere i costi per continuare ad essere competitivi e di sfornare modelli che incontrino i favori dei consumatori. Una sfida senza sosta fatta di *delocalizzazione* della produzione, di robotizzazione delle fabbriche, di *marketing* estremo, di accordi tra produttori. Produttività, redditività, qualità saranno i tre parametri più importanti che decideranno chi uscirà vincitore nella corsa al primato mondiale.

Alcune case automobilistiche hanno dei marchi che producono unicamente macchine di lusso, come la Rolls Royce, la Ferrari, la McLaren e la Porche. Questi modelli vengono prodotti con la cura di ogni dettaglio, in modo quasi artigianale, che caratterizza e da valore al prodotto finito. La trasposizione di questa filosofia, innovativa e attenta ai dettagli, anche sul segmento più economico sarà l'arma decisiva per assicurarsi la *leadership* a livello planetario.

Le multinazionali del lusso

Chi ha avuto modo di viaggiare nelle metropoli più grandi del nostro pianeta, ha potuto rendersi conto della grande varietà di offerte che riguardano la moda, la profumeria, i gioielli, le creazioni artistiche, la telematica ed ogni altro campo che possa soddisfare i desideri umani. È una festa per gli occhi e una tentazione irresistibile per i portafogli. Fare shopping è il passatempo preferito di chi ha soldi e si annoia. E su questo le multinazionali del lusso costruiscono il loro successo. Offrire prodotti, inseriti in cornici di vendita prestigiose, che soddisfino l'*ego* delle persone, che aiutino a farle sentire importanti e realizzate. Rinnovare il proprio *look* per piacere e per stupire, per il gusto del bello e dell'apparire. In questi moderni *bazar,* troviamo un'umanità assortita, dagli arabi ai cinesi, dai russi agli indiani, tutti cercano qualcosa per abbellire la propria vita o per scegliere preziosi regali che parlino al cuore di chi li riceverà. Negozi e gallerie tanto belli da restare a bocca aperta, consigliati da personale attentamente selezionato per le attitudini alla vendita, il tutto protetto da sorveglianti attenti e discreti. All'interno le proposte dei grandi *brand* del lusso: Hermes, Prada, Gucci, Chanel, Vuitton, Cartier, Montblanc, Rolex, Burberry, Bulgari, Louboutin. Certo oggi è cambiato il mercato di riferimento: ridimensionate le grandi famiglie aristocratiche e dell'alta borghesia, i prodotti di lusso sono appannaggio dei nuovi ricchi dei paesi emergenti e la produzione non è più nelle mani di piccole *maison* artigianali ma in quella delle grandi multinazionali, attente più al profitto che alla qualità e all'originalità del prodotto. Gli articoli fatti a mano sono una rarità, perché ormai tutto viene prodotto nelle grandi fabbriche cinesi e indiane, con una qualità decisamente inferiore a quella artigianale. Il capo *griffato* è un sogno e un desiderio di tanti, e allora perché non sfruttare commercialmente questa aspirazione, offrendo capi firmati a prezzi accessibili? Tanti marchi storici non riescono più a stare sul mercato e cedono alle offerte delle multinazionali del lusso, che stanno concentrando in pochi marchi la maggior parte del fatturato mondiale. Nella classifica stilata da Forbes degli uomini più ricchi del mondo al quarto posto figura Bernard Arnault il *patron* del gruppo francese LVMH, che recentemente ha acquisito la proprietà di Bulgari. Francois Pinault è proprietario di un altro grande impero del lusso, con marchi quali Gucci e Yves Saint Laurent. Il gruppo svizzero Richemont è una holding finanziaria, con sede a Ginevra, che riunisce marchi famosi quali Cartier, Montblanc e Officine Panerai.

Le attività legate al lusso abbracciano tutta una serie di altre offerte che vanno dal ramo immobiliare alla nautica, dall'arredamento al tempo libero, dalle auto agli alberghi.

Comodità ed esclusività sono i principali obiettivi che si pongono le multinazionali del lusso per soddisfare le richieste dei consumatori più esigenti. Il mercato del lusso non conosce crisi perché se alcuni perdono le loro *fortune*, sono rimpiazzati da altri nuovi ricchi che desiderano godere di quanto hanno guadagnato. Gli italiani, che negli anni 60 hanno conosciuto i piaceri del lusso, la definiscono *la dolce vita*. Così i luoghi simbolo del lusso cambiano nel tempo ma il loro nome conserva sempre il suo fascino: via Veneto a Roma, via Montenapoleone a Milano, Porto Cervo in Costa Smeralda, il villaggio di Cannes sulla Costa Azzurra con i negozi intorno al porticciolo turistico, la Fifth Avenue a New York, Khan Market di New Delhi, Causeway Bay a Hong Kong, avenue Montaigne a Parigi, New Bond Street a Londra.

Nell'industria del lusso l'Italia artigianale, innovativa e creativa gareggia con la Francia, che possiede gruppi multinazionali tra i primi al mondo e che attinge a *piene mani* dal nostro paese, sia acquistando aziende, quali Gucci e Bulgari, sia affidando a stilisti italiani i suoi *atelier*.

Moda, arte e *design* hanno molte assonanze: gusto e creatività sono gli ingredienti che le accomunano. Nella storia dell'uomo le epoche più ricche di innovazione e creatività sono state quelle in cui gli artisti e gli scienziati potevano confrontarsi ed esprimere liberamente la loro creatività. Il secolo XXI ha tutte le potenzialità per diventare il secolo della creatività. Sarebbe una fortuna per l'umanità recuperare quanto ha perso nel secolo precedente a causa di guerre, consumismo esasperato e industrializzazione selvaggia.

Le multinazionali dei paesi emergenti

I paesi emergenti, dopo una lunga fase di dipendenza dalle economie occidentali e giapponese, negli ultimi venti anni hanno iniziato una crescita impetuosa che li sta portando a colmare il divario economico con le economie più avanzate. Anche in questi mercati si stanno affermando nuove multinazionali che iniziano a rivaleggiare con quelle occidentali. I loro nomi sono ancora poco conosciuti dal grande pubblico, ma stanno rapidamente scalando le classifiche mondiali delle aziende più importanti.

Vediamone alcune più da vicino:

- Sinopec Group, azienda cinese che si occupa estrazione e raffinazione di prodotti petroliferi;
- China National Petroleum, altra azienda cinese, si occupa di estrazioni di prodotti petroliferi;
- State Grid, è una compagnia elettrica cinese che fornisce energia elettrica ad oltre un miliardo di persone;
- Samsung Electronics, è un'azienda sud-coreana attiva nel settore elettronico, informatico, degli elettrodomestici e dei telefonini;
- Petrobras, è una compagnia brasiliana che opera nell'estrazione e raffinazione di prodotti petroliferi;
- Gazprom, compagnia petrolifera e del gas russa;
- altre aziende dei paesi emergenti sono la messicana Pemex, la sud-coreana Hyundai, Hon Hai azienda di Taiwan, la russa Lukoil, la Bank of China, la malese Petronas, la China mobile communications, l'Indian Oil e la China Railway Group. Un elenco che si accresce continuamente di nuove aziende, in rapida espansione. Ormai queste imprese operano come le multinazionali dei paesi occidentali, stringendo alleanze e siglando accordi commerciali con i governi. Partendo da posizioni di assoluto svantaggio, le aziende dei paesi emergenti hanno recuperato il divario tecnologico ed ora offrono prodotti e servizi di qualità assoluta a prezzi concorrenziali. In più hanno il vantaggio di operare in paesi ad alto tasso di

crescita nei quali la domanda cresce molto più velocemente rispetto ai paesi occidentali. Prezzo, qualità e crescita della domanda sono i fattori che ne favoriscono l'affermazione e la scalata verso ricavi e utili sempre maggiori. Inoltre possono contare anche su una manodopera a prezzi bassissimi che abbatte ulteriormente i costi di produzione. I salari bassi sono legati alla enorme forza lavoro disponibile e alle condizioni di vita a livello di sopravvivenza di centinaia di milioni di persone. Al crescere del tenore di vita i salari tenderanno ad elevarsi e a livellarsi progressivamente con quelli dei lavoratori dei paesi occidentali. Al crescere dei salari le aziende cercheranno di ridurre i costi trasferendosi verso altre zone popolose ma più povere e automatizzando la produzione. Questo fenomeno, già sperimentato con successo in Giappone, tende a diffondersi a macchia d'olio e sostituisce a ritmi crescenti il lavoro umano. A livello globale il lavoro tenderà a trasferirsi dai campi e dalle industrie al settore terziario, dove assumono grande importanza l'innovazione e la creatività, con offerte di servizi artigianali, multiculturali, ricettivi, di ristorazione, ricreativi e sportivi. In un mercato del lavoro sempre più selettivo saranno ricercate le conoscenze e le abilità intellettuali piuttosto che la semplice manovalanza di cui abbonda l'offerta. Le economie emergenti hanno fatto tesoro di secoli di sottomissione all'egemonia occidentale ed ora *giocano in proprio* contrattando licenze e diritti di esercizio con i governi, acquisendo tecnologie e brevetti, comprando aziende ed immobili, impiantando stabilimenti e nuove attività in tutto il mondo. Questa grande dinamicità, da nazioni giovani e dinamiche, mette in crisi il passo compassato di chi fino ad ieri dava tutto per scontato e spesso viveva al di sopra delle proprie possibilità. Una grande sfida planetaria è in corso per la supremazia economica, una sfida che ha poche ed insicure regole, vista la precarietà del sistema finanziario internazionale, incapace di darsi regole trasparenti ed oggettive.

Capitolo sesto

La rivoluzione tecnologica:
lavoro, servizi, professioni

Come opera la rivoluzione tecnologica

Siamo nel secolo della rivoluzione tecnologica, la terza grande rivoluzione nella storia dell'umanità dopo quella agricola e quella industriale. La tecnologia *fa passi da gigante* e cambia quotidianamente la nostra vita e le nostre abitudini. Diventa sempre più facile viaggiare in poco tempo verso luoghi lontani e soprattutto diventa possibile dialogare in tempo reale con persone lontanissime. Si può formare un gruppo di lavoro, che dialoga in tempo reale, pur trovandosi fisicamente a migliaia di chilometri di distanza. Tramite i *social network* si formano comunità che condividono gli stessi ideali e gli stessi interessi. Internet, telefonia e televisione si uniscono in un'unica piattaforma che trasforma lo spettatore in protagonista, che può scegliere cosa vedere, cosa immettere in rete, con chi dialogare. Le industrie licenziano masse crescenti di lavoratori, sostituendoli con macchine sofisticate ed intelligenti in grado di lavorare autonomamente. Queste macchine vengono realizzate partendo dal lavoro dei programmatori che seguono gli *input* dei *team* creativi, formati da filosofi, *designer*, architetti, ricercatori, ingegneri, musicisti, ed altri a seconda del prodotto o del servizio su cui si lavora. Il *team* è per sua stessa natura orizzontale e le competenze si intersecano e si uniscono in una rete, formando un insieme di conoscenze e di *know how* che danno origine a prodotti e servizi innovativi. Scompare l'organizzazione verticale, il *one work one life,* un unico lavoro per tutta la vita, il mercato del lavoro diventa una *libera agenzia,* come lo definisce Gideon Kunda, in cui ognuno mette in vetrina le sue *abilità.* Il lavoro diventa progetto creativo che ha successo se apre nuove frontiere intellettuali e commerciali. I parametri tradizionali sono spazzati via, si fanno strada le nazioni che superano i particolarismi e la rigidità burocratica. Il mercato globale premia chi opera con spirito creativo e innovativo. Oggi qualsiasi ritardo burocratico ed organizzativo pesa come un macigno sulla competitività delle aziende. Le imprese hanno necessità di università e di scuole che siano accessibili da tutti, a prescindere dal reddito, e premino i migliori talenti. La perdita delle migliori intelligenze giovanili comporta una stagnazione economica e gravi ritardi concorrenziali. Una società aperta, democratica e partecipativa è uno stimolo eccezionale per un'economia innovativa e capace di esprimere eccellenza. È fondamentale il ruolo che il governo svolge per il futuro della nazione. Maggiore è lo spirito di servizio e il livello di competenze di cui è permeato, maggiore sarà la sua efficacia e la sua utilità per il paese. Fondamentale diviene la capacità di superare gli egoismi nazionali e di puntare con decisione su entità sovranazionali capaci di unire gli interessi e i destini dei popoli che rappresentano. Un esempio di queste affermazioni noi europei lo stiamo vivendo con la crisi della moneta unica, l'euro. I nostri governanti hanno pensato di poter creare una moneta che contrastasse lo strapotere del dollaro sui mercati internazionali senza dare un unico governo federale agli Stati che compongono l'Unione Europea. Questo progetto si è dimostrato *miope* e *zoppo,* perché a fronte di nazioni quali gli USA, la Cina, l'India, il Brasile, la Russia, che hanno governi forti e coesi, l'Unione Europea non ha organismi democraticamente eletti che abbiano i poteri per governare gli Stati membri, che portano avanti politiche nazionalistiche tese a tutelare più che il bene comune i loro interessi particolaristici. Da queste premesse deriva la crisi della moneta unica, causata dai debiti accumulati nel tempo e da politiche economiche non convergenti. Nell'economia globale non c'è futuro per chi non si apre ai venti dell'innovazione e della competitività.

Quali cambiamenti comporta

Le innovative tecnologie della comunicazione e dell'informazione determinano nuove concrete possibilità di interazioni personali e di comunicazioni sociali. Il diritto di conoscenza assume un carattere sociale, e insieme ai diritti civili e politici dà spessore al raggiungimento dell'obiettivo della piena cittadinanza. In una società nella quale l'informazione assume un carattere centrale, per poter parlare di democrazia partecipata occorre diffondere l'alfabetizzazione informatica e consentire a tutti l'accesso alla rete ed il suo utilizzo per diffondere notizie ed opinioni. Attraverso la partecipazione attiva e la creazione di una rete personale di relazioni, l'individuo assume la posizione di soggetto autonomo e cosciente, esprimendo in piena libertà le sue idee sull'organizzazione sociale, sulla creatività, sulla cultura e sull'economia. Da soggetto passivo il cittadino diventa protagonista, avendo la possibilità di scegliere le fonti di informazione, di confrontarle e di elaborare a sua volta le informazioni mettendo in rete le sue considerazioni e le sue proposte. L'individuo navigando in rete segue i suoi interessi e le sue passioni, ma, spinto dalla curiosità, può ampliare il suo orizzonte dandogli più ampio spessore e contenuto. Nei paesi in via di sviluppo la diffusione di computer a prezzi accessibili e l'accesso ad internet ha determinato una crescita della coscienza individuale e sociale, sfociando spesso in aperta contestazione verso i regimi autoritari. Informazione, conoscenza, comunicazione sono i tre pilastri che stanno trasformando le relazioni personali, sociali, economiche e politiche, dando respiro e voce alle istanze delle comunità, aiutando i cittadini a riappropriarsi di un ruolo da protagonisti nel processo decisionale della società globale. Le specificità culturali, retaggio di secoli di storia, vengono valorizzate attraverso l'elaborazione, il confronto e la *contaminazione*. L'individuo nel confrontarsi si apre a nuovi mondi, ed il *villaggio* diventa globale. Ognuno porta le conoscenze e le abilità di cui è custode, e nel confronto capisce pregi e difetti del suo approccio alla realtà. In rete si supera la diffidenza e la paura del *diverso,* e ci si confronta su idee e ragionamenti, aprendo la mente a nuovi orizzonti. Nelle vicissitudini della vita, dobbiamo imparare a non scindere il passato dal presente, ma ad apprezzare e valorizzare il patrimonio di conoscenza e di saggezza che abbiamo ereditato dagli antenati. Attraverso i loro sacrifici e la loro sete di conoscenza è stato possibile il progresso e la cultura. Oggi noi siamo la somma di quanto l'uomo ha fatto nella sua storia millenaria, ed a noi spetta continuare il cammino con lo stesso spirito creativo ed innovativo. Anche l'economia, di cui trattiamo in questo libro, non può essere vista come un sistema a sé, ma va inserita in un contesto unitario, in cui l'uomo esprime la sua cultura fatta di tante sfaccettature. Ridurre la propria esistenza a puro calcolo economico dà una dimensione parziale della ricchezza di valori, sentimenti e conoscenze che formano l'animo umano. L'economia è l'arte di valorizzare il lavoro dell'uomo, aiuta ad affrancarsi dai bisogni, ed a procurarsi i beni ed i servizi di cui abbiamo necessità. Ma guai a considerare la ricchezza come un valore in sé, nessun vizio rinchiude in se stesso l'uomo in modo tanto plateale quanto l'avarizia. Nella società attuale, dove la ricchezza tende ad accentrarsi in poche mani, occorre dare all'economia regole severe per evitare abusi e sfruttamento. I mali da curare sono i monopoli, lo sfruttamento del lavoro, il consumismo sfrenato, l'inquinamento industriale, la speculazione finanziaria. Le regole servono per evitare che le turbolenze finanziarie ci travolgano, perché ogni Stato abbia una gestione dell'economia trasparente ed onesta, perché tutti i cittadini abbiano le stesse opportunità e sia garantita a tutti la dignità e la tutela previdenziale ed assistenziale. Le regole aiutano a mantenere un corretto funzionamento delle dinamiche economiche, tramite i meccanismi di controllo sulla legittimità dei comportamenti e sull'effettiva possibilità di una sana e leale concorrenz

Cosa cambia nella produzione

Il gigante mondiale della produzione e dell'assemblaggio di prodotti elettronici è la società Foxconn, con sede a Taiwan e stabilimenti operanti in Cina, a Shenzhen. Per la Foxconn, che si è aggiudicata appalti dalle più importanti aziende dell'elettronica mondiale tra le quali Apple, Nokia, Sony, Dell, lavorano 1 milione e 200 mila lavoratori cinesi. Le condizioni di lavoro in fabbrica sono talmente dure da mettere alla prova l'equilibrio psicofisico di quanti vi operano e da indurre gli operai a una catena di suicidi. Per porre freno al danno di immagine che deriva all'azienda e mettersi al riparo dalle richieste di miglioramento delle condizione del lavoro e dagli aumenti salariali, la Foxconn ha assunto la decisione di sostituire il lavoro umano con l'utilizzo di robot in grado di assemblare e rifinire i *gadget* elettronici. Nel giro di tre anni un milione di lavoratori saranno sostituiti da altrettanti robot, utilizzabili a ciclo continuo e non esposti e malattie e stress da superlavoro. Si realizza il sogno capitalista di una fabbrica che elimina le diseconomie e la conflittualità, esportando, dove la tassazione è più conveniente, uno stabilimento *chiavi in mano* disumanizzato ed autosufficiente. In pratica un complesso di macchinari ed intelligenze artificiali in grado di assemblare, verniciare, saldare, rifinire secondo standard produttivi stabiliti dalle aziende committenti. A sorvegliare che tutto proceda secondo programma pochi tecnici in grado di eseguire le manutenzioni e gli addetti alla sorveglianza per contrastare furti e sabotaggi. Tramonta la catena di montaggio umana, lasciando il posto alla catena di montaggio robotizzata, non un male in sé, perché libera l'uomo dalla schiavitù del lavoro in fabbrica. Il male per la società deriva dall'accentramento della capacità produttiva nelle mani di poche grandi aziende, dedite unicamente al profitto. La globalizzazione disumanizzata che sposta i capitali e gli stabilimenti dove trova condizioni più vantaggiose, induce a consumare a ritmi compulsivi, utilizza tecniche di marketing sempre più sofisticate, distorce a fini commerciali la rapidità con cui avanza il progresso scientifico e tecnologico. Le aziende dell'ICT concentrano la loro attività sul versante creativo ed innovativo e lasciano il compito di fabbricare ed assemblare computer, *tablet, smartphone* e telefonini alle multinazionali della componentistica elettronica. Nazioni che fino a pochi decenni fa erano rimaste ai margini del capitalismo occidentale, ne hanno capito tanto bene i meccanismi da superare i maestri. E così le tigri asiatiche, Cina, India, Taiwan, Corea, Giappone, Singapore, Indonesia e perfino il Vietnam, sono diventate il regno dell'elettronica e lanciano la sfida per la supremazia tecnologica. Mercati ancora vergini, con miliardi di potenziali consumatori da inglobale nel sistema capitalistico del consumismo. Come per magia nella Cina comunista post maoista compaiono vetrine scintillanti, auto di lusso, centri benessere, abiti ed accessori delle migliori *maison,* oreficerie ed orologerie simbolo di lusso. Vetrine in cerca dei soldi dei nuovi miliardari orientali arricchiti dalla delocalizzazione delle grandi multinazionali. Tutto a vantaggio di pochi privilegiati, coccolati e viziati dalle tentazioni del lusso, che vivono in una dimensione ovattata, lontani dalla disperazione di chi è costretto a frugare nei cassonetti per trovare degli avanzi per poter sopravvivere. Dal 2008 sono stati bruciati centinaia di milioni di posti di lavoro, resi inutili dall'automazione e dalla robotizzazione delle fabbriche. I robot e i computer, che inizialmente potevano sostituire l'uomo nei compiti più elementari, stanno acquisendo la capacità di svolgere compiti sempre più complessi. L'uomo come forza lavoro non è più necessario al capitale, che lo sostituisce con le macchine. Il tempo libero ha senso se impiegato in modo costruttivo, per dare concreta attuazione agli ideali di democrazia partecipativa ereditati dai nostri antenati. Ogni cittadino è importante per orientare le scelte della società, perché in democrazia ogni voto ha lo stesso peso. Se il voto è un diritto, esprimere la propria scelta con cognizione e onestà intellettuale è un dovere. Nello spirito innovativo e nella creatività possiamo trovare risposte adeguate alle mille domande e alle sfide che ci vengono lanciate dalla rivoluzione tecnologica e dal mondo della finanza, arroccato nei suoi privilegi. Può emergere una nuova identità umana, liberata dalla schiavitù della catena di montaggio e dalla *routine* burocratica, che orienti le scelte verso la creatività, la solidarietà e il volontariato, superando il materialismo imperante e il consumismo esasperato.

Cosa cambia nel commercio

Seguendo le trasformazioni in atto nel settore industriale, anche il commercio cambia volto. Diverse attività si aggregano in centri interdipendenti (quartieri, piazze, vie, mercati, centri commerciali), al fine di offrire servizi aggiuntivi e di agevolare le vendite. Per richiamare l'attenzione sulle attività svolte in tali contesti viene realizzata una rete di sostegno, con caratteristiche più o meno formali, che mette in campo diverse iniziative di marketing, di servizi in comune, di attività culturali. Il commerciante viene supportato da una rete di servizi tanto più efficace quanto maggiore è la visibilità delle attività aggregate. Facilità di accesso e di parcheggio, protezione da furti e scippi, servizi aggiuntivi quali bancomat, servizi bancari ed assicurativi, farmacie, attività di ristoro, addobbi urbani piacevoli, sale teatrali e cinematografiche, mostre e spettacoli, sono tutti fattori che richiamano pubblico e interesse. I centri commerciali rappresentano la novità nel panorama commerciale e sorgono in aree strategiche, progettati e voluti dalle grandi catene di distribuzione, Val Mart,Carrefour, Billa, Ocean, Coop, per accrescere le vendite richiamando una grande massa di persone. In questi centri commerciali si passeggia, si chiacchiera, si osserva e si viene invogliati all'acquisto da tecniche di marketing sempre più sofisticate. Le nuove impostazioni urbanistiche tendono a raggruppare le attività economiche in luoghi che diventano punti di incontro e di svago, (quasi come le antiche terme romane), pensiamo ai già citati centri commerciali, agli stadi polifunzionali, ai parchi a tema (tipo Disneyland, Gardaland), ai centri culturali (Parco della musica, Barbican Center), alla rivisitazione dei centri storici. Questa organizzazione cambia anche il marketing delle aziende che vi operano, in quanto diventano parte di strutture commerciali complesse. All'interno di queste strutture assume primaria importanza la capacità di generare interesse e di *fidelizzare* il cliente. Le aziende, e il marketing che le affianca, affinano le tecniche per generare sensazioni positive nel potenziale cliente. La musica soffusa di sottofondo, gli assaggi di caffè, cioccolatini, liquori aromatici, il supporto offerto al cliente in fase di scelta, il *look* e la simpatia degli addetti alla vendita, le promozioni su alcuni prodotti, le vetrine e l'esposizione delle merci, gli acquisti rateali a tasso zero, sono tutte strategie di marketing intese a suscitare emozioni positive. L'attività di marketing più efficace è quella sensoriale che coinvolge la vista, il gusto, l'udito, l'olfatto e il tatto. È ormai assodato che profumi piacevoli danno un impulso notevole alle vendite, si pensi al profumo di cioccolato in un negozio di dolciumi o in una pasticceria, in quanto predispongono emotivamente all'acquisto e al consumo. Le abitudini dei consumatori sono fortemente influenzate dalle nuove tecnologie. La crescita esponenziale del numero delle persone e del tempo dedicato a navigare su internet, ha creato un nuovo modo di vendere: l'*e-commerce*, decretando il successo di aziende quali Amazon, E Bay, IBS. Le aziende più importanti realizzano esclusivi negozi monomarca, gestiti direttamente o affidati in *franchising*. Consorzi e cooperative, supportano i negozi al dettaglio, acquistando per conto degli affiliati e distribuendo i prodotti ai negozi. È la risposta dei piccoli punti vendita allo strapotere della grande distribuzione, in grado di comprimere i prezzi di acquisto delle merci. In particolare il settore cooperativo ci introduce ad una visione differente del mercato, in quanto il rischio è assunto collegialmente da tutti i soci ed anche i profitti vengono divisi equamente.

Ulteriori novità sono pronte a cambiare profondamente il modo di fare commercio. La realizzazione della stampante tridimensionale permetterà, a breve, di realizzare copie di oggetti di uso corrente. Ad esempio, si potrà realizzare sul momento un telefonino impostando sulla stampante i dati del modello, il colore desiderato, ed altre eventuali caratteristiche accessorie.

Come cambiano il terziario e i servizi

In una società dominata dalla tecnologia, in cui le aziende si concentrano sul *core business*, affidando all'esterno le attività di contorno, assumono grande importanza il settore terziario ed i servizi. Molte attività non hanno più una sede fisica in quanto il lavoro si svolge in rete, attraverso la realizzazione di servizi *on line,* quali la realizzazione di *software* informatici, che spaziano dai programmi di controllo, agli antivirus, alla realizzazione e alla manutenzione di siti *web.* Molte aziende dematerializzano il luogo di lavoro, trasferendo l'attività lavorativa nella casa del dipendente, attraverso il telelavoro. La maggior parte delle aziende di grandi dimensioni abbandonano l'attività degli sportelli aperti al pubblico con operatori dedicati, per privilegiare il servizio di ascolto tramite i *call center,* che assumono la doppia veste di filtro e di ricerca di nuovi clienti. Le aziende possono così diminuire gli organici e le spese, a scapito degli operatori dei *call center,* sottopagati e in perenne stato di precariato. Anche le attività professionali non sono più garanzia di guadagni adeguati, a causa della forte concorrenza determinata dal gran numero di laureati in medicina, ingegneria, economia e commercio, giurisprudenza, architettura. Una marea di professionisti che si ritrova senza clienti, spesso costretta a chiudere lo studio. Ma ci sono anche i privilegiati che navigando nel mare degli sprechi della spesa pubblica riescono a spuntare contratti, appalti e consulenze milionarie. I più *fortunati* si sistemano a vita vincendo un concorso da dirigente nella pubblica amministrazione, che garantisce lauti stipendi e *benefit* abbondanti. Oggi si parla con insistenza della necessità di liberalizzare le professioni per ridare fiato all'economia e far ripartire la crescita. Se per liberalizzazioni intendiamo meno vincoli burocratici e un fisco più equo e distribuito mi trovo in perfetta sintonia. Se invece alla parola liberalizzazioni abbiniamo la *deregulation* e l'abolizione degli ordini professionali, penso che le conseguenze sarebbero in buona parte negative. Per esercitare una professione occorre possedere requisiti che non possono essere di natura puramente dichiarativa, ma devono essere certificati attraverso un percorso di studi e di accertamento dei requisiti. Certo i prezzi potrebbero calare se fosse aperta la possibilità di accesso a una platea molto ampia, ma a spese della qualità del servizio e della competenza professionale. Non è un caso che molti professionisti che non trovano lavoro nel nostro paese, sono invece ricercati in paesi quali la Germania, il Regno Unito e la Svizzera. Quel che da noi manca è la voglia di investire, sia nel settore pubblico che in quello privato, e con essa il riconoscimento della meritocrazia nella scelta delle persone cui affidare i ruoli chiave. Si continua a marginalizzare i giovani laureati e le migliori intelligenze, affidando i ruoli chiave a persone che possono vantare i giusti agganci nel *gotha* politico finanziario.

Come cambia la remunerazione del lavoro: da stipendio a compenso per la prestazione

Associata al cambiamento delle modalità di svolgimento del lavoro, muta anche la forma con cui il lavoro viene retribuito. La modalità prevalente, nelle società industriali occidentali, era quella del lavoro a tempo indeterminato, che poteva anche durare per tutta la vita lavorativa. Il salario o lo stipendio venivano determinati da una contrattazione sindacale collettiva. All'interno di società con solide radici sul territorio, gli stabilimenti industriali erano organizzati sul lavoro di operai specializzati inseriti in una catena produttiva. Intorno a loro ruotavano impiegati, quadri, dirigenti che completavano l'azienda con un'organizzazione a 360 gradi, che comprendeva tutte le fasi della progettazione, della produzione e della distribuzione. La rete di vendita era legata alla casa madre da rapporti esclusivi che comprendevano anche il magazzino ricambi e l'officina per i tagliandi e le riparazioni.

Dagli anni del primo dopoguerra caratterizzati dal grande sforzo per la ricostruzione, che garantiva lavoro a tutti ma con bassi salari e stipendi, si è passati agli anni 60, con il *boom* economico, il benessere e la motorizzazione di massa. Grazie alla crescita economica e a una presa di coscienza dei propri diritti, i lavoratori hanno iniziato a rivendicare migliori condizioni di lavoro, un *welfare* che li tutelasse maggiormente nei campi dei diritti, della sicurezza, della previdenza e dell'assistenza. La società di quegli anni garantiva benessere e opportunità a una larga fascia della popolazione. Gli stipendi erano livellati, con pochi dirigenti pubblici, i cui stipendi non superavano di molto quelli degli altri lavoratori. Negli anni 70, in Italia, come pure in molti altri paesi occidentali, è iniziata una spirale di crescita della spesa pubblica corrente. La percentuale della spesa per investimenti invece è calata costantemente, fino a toccare il livello più basso nel 2011 fermandosi a meno del 4 per cento del PIL. Si sono moltiplicati i

173

consigli di amministrazione, i dirigenti pubblici, gli enti inutili, gli incarichi consulenziali, le indennità e le missioni. I dirigenti pubblici di una sola regione, la Sicilia, sono oggi più del totale dei dirigenti di tutta la Francia. I compensi dei politici, dei manager pubblici e dei dirigenti della pubblica amministrazione hanno continuato a lievitare, fino a raggiungere importi molto superiori a quelli dei quadri, degli impiegati e degli operai. Le spese correnti per la pubblica amministrazione raggiungono nel 2010 la metà della ricchezza nazionale prodotta nell'anno. Il debito pubblico inizia a salire di anno in anno, fino ad arrivare a oltre 2200 miliardi di euro nel 2016, il 130 per cento del PIL. Nel 2011 inizia un calvario, che interessa anche altre nazioni della zona euro e gli Stati Uniti. Milioni di persone vengono espulse dal mercato del lavoro con pochissime possibilità di riuscire a reintegrarsi. Anche nella pubblica amministrazione inizia una fase *lacrime e sangue,* con le riforme del sistema pensionistico, l'attacco alle libertà sindacali, il blocco del *turn over,* il blocco fino al 2018 dei rinnovi contrattuali, il ritardo fino a 2 anni nella liquidazione della buonuscita, le condizioni di lavoro sempre più difficili. A fronte dei sacrifici richiesti ai lavoratori, non sono state affrontate le vere cause della crisi. Politici, amministratori e dirigenti continuano a percepire compensi di gran lunga superiori a quelli che lo Stato può permettersi e a godere di privilegi inaccettabili. Intorno a loro continua a proliferare un sistema di clientele, favoritismi, appalti, consulenze che divorano centinaia di miliardi dalle casse pubbliche. Si assottiglia sempre più la classe media, aspirata nel vortice della povertà, lo stipendio sicuro diventa sempre più raro, e a volte arriva dopo mesi di attesa. Il posto fisso viene sostituito da incarichi occasionali, e il compenso da diritto diventa quasi un elargizione fatta a titolo di favore. Per farsi pagare bisogna sottoporsi a trafile umilianti, e spesso è necessario ricorrere a un avvocato. Molte imprese eseguiti i lavori spariscono nel nulla, una scatole vuota di cui si perde ogni riferimento, e ai lavoratori non resta che rassegnarsi. Fortunati quelli che hanno datori di lavoro che operano onestamente, che ancora sono la spina dorsale e la salvezza della nostra economia, ma che sembrano destinati a diventare una *specie rara*.

Come i software sostituiscono il lavoro umano

Per capire le dinamiche dell'economia globale è utile osservare come è cambiata l'offerta e la domanda di lavoro negli ultimi quindici anni. Dal 1995 al 2010 la forza lavoro nei paesi emergenti è aumentata di 700 milioni di persone. Per soddisfare tutte le richieste provenienti dai paesi emergenti e dai paesi occidentali si sarebbero dovuti creare un miliardo di nuovi posti di lavoro. Questo non è avvenuto, anzi nei paesi occidentali la crisi, iniziata nel 2008, ha provocato la perdita del lavoro per decine di milioni di persone. Molte famiglie hanno anche perso la casa, di cui stavano pagando il mutuo, divenuto insostenibile a causa della perdita del lavoro, del crollo dei prezzi del mercato immobiliare e dell'aumento dell'importo delle rate per i mutui a tasso variabile. Il dramma dello sfruttamento del lavoro, che era localizzato fino a pochi anni fa nel terzo mondo, si è largamente diffuso nei paesi occidentali, con una *deregulation* selvaggia delle tutele lavorative. A seguito dell'introduzione sempre più estesa delle nuove tecnologie all'interno delle fabbriche e degli uffici si sostituisce il lavoro umano con catene di montaggio automatizzate, con *software* applicativi sempre più evoluti, con sistemi che fanno uso di robot in grado di compiere azioni sempre più complesse. Il lavoro umano diventa di semplice supporto, controllo e manutenzione dei sistemi automatizzati e viene circoscritto ad operatori in grado di supportare ed interloquire con le nuove tecnologie. La produzione va concentrandosi nelle mani di poche grandi aziende oligopolistiche, sempre più potenti e attive su tutti i mercati più importanti, mentre la forza lavoro perde potere contrattuale a causa dell'aumento dell'offerta e della diminuzione della domanda, determinata dall'impiego capillare delle macchine e dei programmi informatici. Questi mutamenti possono diventare un'opportunità per l'uomo se all'economia del massimo profitto si riuscirà ad affiancare l'economia del benessere e della creatività. I lavoratori espulsi dalle fabbriche e dagli uffici pubblici possono utilmente essere impiegati nel recupero e nella valorizzazione del patrimonio architettonico, culturale, agricolo, artigianale ed ambientale locale. L'uomo liberato dalla ripetitività e dalla routine ha l'opportunità di riappropriarsi della cultura e della tradizione della propria terra, valorizzandole con creatività e innovazione. Attualmente più di un miliardo di persone vivono nella povertà più assoluta, soffrendo la fame e patendo una situazione igienico sanitaria terribile. Su sette miliardi di abitanti del pianeta Terra, destinati a diventare nove nel corso di questo secolo, solo poche decine di milioni di persone vivono nell'abbondanza e nel lusso. Questo è un problema che deve toccare la coscienza di ciascuno di noi. Non è pensabile né tollerabile che la ricchezza sia distribuita in modo tanto diseguale. Senza un cambiamento nell'etica della creazione e delle distribuzione della ricchezza, senza politiche economiche a largo raggio che diano nuova linfa e respiro alle domande dei vecchi e nuovi diseredati, non sarà possibile creare quel mondo di pace e di prosperità che a parole tutti vogliamo. Il compito non è né facile né immediato perché l'egoismo umano e la sete di potere e di soldi sono più forti del bisogno di giustizia ed equità, ma la sfida va accettata e condotta con determinazione e coraggio, nella consapevolezza della sua importanza per i destini dell'uomo. I segnali di insofferenza e di persecuzione che sono riportati sul rapporto annuale del sindacato internazionali ITUC, testimoniano del perdurare delle violazioni dei diritti del lavoro. Nel 2010 sono stati assassinati 90 sindacalisti, 2500 sono stati privati della libertà, in una spirale di violenza e di abusi che hanno lo scopo di lasciare i lavoratori privi di ogni tutela sindacale. Maggiormente colpite da questa ondata di *deregulation* selvaggia sono le fasce di popolazione più debole: i bambini, le donne e i migranti. Le condizioni di lavoro diventano sempre più esposte a rischi di infortuni e al dramma quotidiano dello sfruttamento.

Lo sfruttamento del lavoro minorile

Secondo uno studio dell'ONU sul lavoro minorile, sono 215 milioni i bambini che lavorano, oltre la metà attività pericolose. La convenzione ILO n. 138 prevede che le età minime per i diversi tipi di lavoro sono: 15 anni per il lavoro di tipo ordinario, 18 anni per i lavori rischiosi, 13 anni per i lavori leggeri. Gli Stati nel recepire la convenzione hanno il diritto di elevare l'età minima ma non possono abbassarla. Quindi per lavoro minorile si intende quello fatto da bambini di età inferiore a quelle previste dalla convenzione n. 138. L'Organizzazione Internazionale del Lavoro (ILO) nel rapporto *Children in hazardous work, what we know, what we need to do,* nel rapporto redatto nel 2011, fa un quadro molto preoccupante della piaga del lavoro minorile, dei rischi che corrono e delle violenze che sono costretti a subire:

- 115 milioni di bambini di età inferiore a quelle previste dalla convenzione ILO n. 138 sono impiegati in attività ad alto rischio;
- negli ultimi 4 anni il numero dei bambini usati per fare lavori pericolosi è aumentato del 20 per cento;
- più di un milione di bambini è stato vittima dello sfruttamento sessuale dei minori a fini di lucro: prostituzione, pornografia, turismo sessuale. Nel turismo sessuale l'Italia ha il triste primato in

Europa, 80 mila italiani ogni anno lo praticano, meta preferita il Brasile. Il sindaco di Fortaleza, una delle città più colpite da questo fenomeno vergognoso, Luizianne Lins sta conducendo una campagna di sensibilizzazione per mettere fine al turismo sessuale;

- l'organizzazione umanitaria *Save the Children* in un rapporto redatto nel 2010, afferma che in Italia, nel periodo dal 2000 al 2008, sono state 50 mila le vittime di sfruttamento minorile che hanno ricevuto protezione. Nigeria, Romania, Moldavia, Albania, Ucraina sono le nazioni su cui si concentra il maggior numero di vittime della tratta dei nuovi schiavi;
- milioni di bambini nel mondo sono vittime della tratta degli esseri umani, spesso usati come cavie di laboratorio per l'espianto di organi;
- secondo uno studio fatto dal sindacato dei lavoratori CGIL, in Italia sono più di 300 mila i minori di quattordici anni, di nazionalità italiana, che lavorano. Di questi il 40 per cento quattordicenni, il 40 per cento compresi nella fascia di età tra gli undici e i tredici anni e il 10 per cento tra i 7 e i 10 anni;
- i minori sono spesso reclutati a forza per combattere nei paesi del terzo mondo. Diventano soldati bambini, strappati ai giochi e ai sogni dell'adolescenza. Le immagini provenienti da

Somalia, Cambogia, Eritrea, Uganda, di bimbi che imbracciano i mitra, sono sotto gli occhi dei telespettatori di tutto il mondo.

I bambini che lavorano sono privati dei giochi e dei sogni dell'infanzia, inseriti in ambienti lavorativi altamente pericolosi per la loro età, sfruttati con orari di lavoro eccessivi, spesso subiscono maltrattamenti psicologici, fisici e sessuali, sono retribuiti con salari molto bassi, vengono privati del diritto allo studio.

Le conseguenze degli abusi e delle violenze subite da questi bambini, li accompagneranno per tutta la vita con la piaga dell'analfabetismo, di disturbi psicologici, di difficoltà a trovare lavoro. Sempre ammesso che non rimangano per tutta la vita vittime della schiavitù, che conta nel mondo oltre 8 milioni di bambini, rubati o comprati per pochi denari. In questo caso il bambino viene allontanato dalla sua famiglia e dalla comunità in cui vive, sradicato dai suoi affetti e costretto ai lavori più umilianti quali l'accattonaggio, la prostituzione, i piccoli furti, la cavia di laboratorio, l'operaio a tempo pieno nelle fabbriche. Senza saperlo spesso acquistiamo capi di abbigliamento, prodotti alimentari, oggetti di arredamento e apparecchi elettronici realizzati sfruttando il lavoro minorile e diventiamo complici inconsapevoli del loro sfruttamento. È dovere di ogni uomo prendere coscienza dei soprusi cui sono sottoposti i minori ed impegnarsi perché vengano rispettati i loro diritti di istruzione, di vivere nelle loro comunità, di sviluppare la loro creatività attraverso il gioco.

Come cambia l'organizzazione sociale

L'organizzazione sociale del XXI secolo presenta caratteri profondamente diversi rispetto a quella del XX secolo. Analizziamo quali sono le principali differenze:

- la distanza economico sociale tra le popolazioni dei paesi sviluppati e quelle dei paesi emergenti va rapidamente riducendosi. Mentre le economie emergenti sono in rapido sviluppo, quelle mature ristagnano;
- nelle economie mature va restringendosi il campo della protezione sociale, molto più estesa fino agli inizi del nuovo secolo;
- nei paesi occidentali la povertà colpisce quote crescenti di popolazione; negli Stati Uniti hanno varcato la soglia della povertà 45 milioni di cittadini;
- i livelli di disoccupazione sono giunti a percentuali da *allarme rosso,* e colpiscono in modo particolare i giovani, le donne e i lavoratori prossimi alla pensione;
- la classe media, che nel secolo XX era stata la colonna portante della società, determinandone le

dinamiche, tende ad assottigliarsi e a perdere potere;

- le economie emergenti conoscono una fase di sviluppo tumultuosa, con tassi di crescita prossimi al 10 per cento annuo;
- tende a scomparire il lavoro a tempo indeterminato, con strutture dedicate in grado di accoglierlo e di fornire assistenza *in loco* al cliente;
- si afferma l'azienda *on line* che trasferisce in rete tutte le attività di contorno alla produzione;
- il lavoro si concentra nei settori legati alla creatività e all'innovazione, mentre tende a scomparire dalle fabbriche, sempre più automatizzate e robotizzate;
- il lavoro manuale si trasferisce dalla catena di montaggio al terziario, con attività legate alla vigilanza, al trasporto e alla commercializzazione delle merci;
- si sviluppano le attività legate al tempo libero: turistiche, ristorazione, riscoperta dei prodotti tipici locali, divertimento e informazione.

La società del XXI secolo premia le eccellenze, le intelligenze che hanno investito soldi e tempo nello studio e nella ricerca, relegando gli altri a compiti di contorno, scarsamente remunerati e resi precari dalla enorme domanda di lavoro dei disoccupati.

Queste premesse spiegano con chiarezza il perché di una società diventata priva di valori e di ideali. Una società dominata da un'*elite* privilegiata, che possiede enormi ricchezze e le sposta da nazione a nazione, da continente a continente, cercando le condizioni più favorevoli per ricavare profitti sempre più elevati. La ricchezza tende a concentrarsi nelle mani di pochi e la maggior parte dei ricchi considera il denaro come un fine a cui dedicare la vita. Accumulare ricchezza come *status symbol* e associare alla ricchezza uno stile di vita che può permettersi qualsiasi capriccio, protetti da guardie del corpo, abili consulenti finanziari ed uno stuolo di servitori riverenti. Poco importa se questo determina una situazione sociale esplosiva. Protetti nella loro campana di vetro, i ricchi vogliono ignorare la disperazione che generano con i loro vizi.

E i manager, prezzolati capitani di ventura del XXI secolo, pur di accontentare i loro padroni, truccano le carte, corrompono, inquinano, *tagliano teste*, per presentare bilanci e profitti soddisfacenti. Cosa importa se per ripianare i loro azzardi gli Stati devono stanziare migliaia di miliardi, l'importante è non *toccare* i ricchi. E se qualcosa va storto, quando i creditori si presentano all'incasso, spesso trovano solo *scatole vuote*, perché i soldi sono già volati verso paradisi fiscali più sicuri, e a pagare i conti devono ancora una volta essere i poveri, stringendo un po' di più la cinghia. Tra tasse, manovre, bollette, aumenti di prezzo, non resta che rassegnarsi a una continuo *salasso* che non dà più tregua.

Capitolo settimo

La centralità del sistema dei valori e delle virtù civiche nel pensiero dei grandi economisti

L'uomo contemporaneo appare sempre più frastornato, stritolato da meccanismi economici che non riesce più a controllare. Ha perso la certezza del lavoro, ed insieme ad essa la sua dignità di essere umano inserito in un contesto che lo apprezzi e lo premi per le sue doti e le sue virtù. Nella società consumistica e materialista di oggi, l'uomo è valutato per i beni che possiede e per il potere che detiene. Si è persa la stima e l'ammirazione per le virtù e i *talenti,* che rendono gli uomini capaci di elevarsi al di sopra della superficie. Queste virtù, che diventano sempre più rare, sono la sete di giustizia, la solidarietà, l'equità, lo spirito di servizio, la generosità, l'ospitalità, il senso di comunione e l'operosità.

La sete di giustizia è in primo luogo il desiderio di giustizia sociale. Desiderio di annullare le grandi ingiustizie economiche, che consentono a un'infima minoranza di possedere ingenti fortune economiche e conducono un numero crescente di persone in ristrettezze economiche. Occorre che la sete di giustizia cresca nei nostri cuori, non come odio verso chi possiede troppo, ma come consapevolezza che non vi è futuro per l'umanità se si permette che il divario tra ricchi e poveri rimanga così grande, e così ingiusto.

L'equità, nel chiedere che tutti contribuiscano, secondo le loro possibilità, a finanziare le attività dello Stato. Equità, nel chiedere che nemmeno un euro di quel che si versa venga sprecato, ma che le tasse servano per migliorare la qualità della vita di tutti i cittadini.

Lo spirito di servizio, inteso come volontà di contribuire al bene comune. Chi detiene il potere deve reimparare ad esercitarlo non per fini personali, ma per il benessere collettivo.

La generosità, che porta a considerare l'altro come un fratello a cui donare, invece che come un nemico da depredare e abbandonare facendo finta di non sentire le richieste di aiuto.

L'ospitalità, che racchiude il piacere di aprire la propria casa e la propria tavola al forestiero stanco, assetato ed affamato.

Il senso di comunione, che allontana la bramosia e il desiderio di possesso.

L'operosità, che è desiderio di migliorare la condizione dell'uomo attraverso il lavoro, la creatività e l'innovazione.

Ma l'uomo sarà capace di riscoprire le sue radici spirituali più autentiche o prevarrà il desiderio di possesso sfrenato e l'avarizia?

La storia millenaria dell'umanità oscilla tra i due opposti, a volte sprofondata nella barbarie delle tirannie economiche e ideologiche, a volte illuminata dall'esempio di uomini che operano per la pace e la giustizia sociale.

È un'eterna lotta tra il buio delle tenebre oscurantiste e la luce dell'amore e della carità. Quando sembra che tutto sia perso nella sofferenza e nella miseria, si leva una speranza fatta di tanti piccoli gesti che testimoniano che nell'animo umano alberga anche la carità e l'amore.

La paura e l'angoscia del vuoto esistenziale non si combattono con il desiderio smodato di possesso e di ricchezza, ma con un'autentica testimonianza di altruismo e condivisione. Ciascuno di noi sarà ricordato non per ciò che è riuscito a conquistare o ad accumulare, ma per l'amore e la gioia che ha saputo donare a chi ha incontrato nel cammino che ha percorso sulle vie del mondo. Esempi come quelli del *poverello* di Assisi, della *grande anima* dell'India, il Mahatma Gandhi, della madre dei poveri Teresa, valicano secoli e continenti e tracciano la strada per tutta l'umanità. A noi raccoglierla e seguirla per far brillare ancora dei lumicini di speranza, nell'oscurità degli egoismi e della speculazione selvaggia.

In questo capitolo analizzeremo come il sistema dei valori e delle virtù civiche sia centrale nel pensiero e nelle teorie dei grandi economisti.

La ricchezza delle nazioni

Adam Smith è uno dei fondatori della scienza economica moderna. La base della teoria economica smithiana è racchiusa nella celebre frase contenuta nel trattato *La ricchezza delle nazioni*: *Non è dalla benevolenza del macellaio, del birraio o del fornaio che ci aspettiamo il nostro pranzo, ma dal fatto che essi hanno cura del proprio interesse.* Questo in sintesi è il meccanismo *della mano invisibile* che trasforma l'interesse egoistico individuale in un beneficio per la collettività. È la teoria liberista del mercato che si autoregolamenta. Oggi, dopo la crisi del 1929 e del 2008, che ancora continua, sappiamo che non è così e che il mercato per funzionare ha bisogno di regole stringenti e di controlli puntuali sulla trasparenza dei comportamenti degli operatori. Lo stesso Smith nel libro *Teoria dei sentimenti morali* traccia un sistema di valori e di virtù civiche insite nella natura umana: *Per quanto egoista si possa ritenere l'uomo, sono chiaramente presenti nella sua natura alcuni princìpi che lo rendono partecipe delle fortune altrui, e che rendono per lui necessaria l'altrui felicità, nonostante da essa egli non ottenga altro che il piacere di contemplarla.*

Adam Smith ritiene che l'uomo sia portatore di virtù insite nel suo animo: la simpatia, intesa come capacità di interessarsi ai sentimenti altrui; la giustizia, che presuppone il desiderio di non turbare il benessere e la sfera privata altrui; la benevolenza, intesa come desiderio di bene per tutta l'umanità; la promozione di sé stessi, cioè il desiderio di benessere per sé stessi e per la propria famiglia. Egli ritiene che l'egoismo sia una virtù inferiore, il cui influsso è mitigato dalle altre virtù considerate superiori.

In sintesi il perseguimento dei propri interessi deve essere inserito in quadro sociale più ampio, che mitigando le spinte egoistiche non giunga a ledere i diritti altrui. La *mano invisibile* che muove la sfera economica dell'agire umano per Smith assicurava il corretto funzionamento dei meccanismi di mercato. La contraddizione del pensiero di Smith si trova nell'accentuazione del valore del sentimento di *self interest* che troviamo nel trattato *La ricchezza delle nazioni,* rispetto al sentimento di *justice,* prevalente nel suo libro *Teoria dei sentimenti morali.*

La mano invisibile, metafora della concorrenza perfetta, opererebbe al di là delle intenzioni delle persone, dando un impulso al benessere collettivo attraverso il *mercato*.

Il *mercato* viene raffigurato come governato dalle leggi della domanda e dell'offerta, che trascendono la volontà degli individui.

Nel trattato *La ricchezza delle nazioni* viene compiuta un'analisi delle conseguenze della divisione del lavoro nella società industriale. Tra i vantaggi vengono annoverati: l'aumento della destrezza, il risparmio di tempo e lo stimolo per l'innovazione. Gli svantaggi invece sono: l'ottusità dovuta alla ripetitività, la frammentazione degli adempimenti, l'alienazione dal contesto lavorativo.

Smith misura il progresso di una nazione dal livello di accumulazione del capitale. Motore dell'accumulazione è la parsimonia.

Le condizioni perché si abbia un mercato in perfetto regime di concorrenza sono:

- un gran numero di produttori e consumatori, che non siano in grado di influenzare il livello dei prezzi;
- i prezzi vengono determinati dal loro valore naturale e dal livello della domanda e dell'offerta;
- assenza di monopoli e di limitazioni alla produzione e allo scambio.

Se si verificano queste condizioni può operare *la mano invisibile,* che nella teoria di Smith è una metafora del libero interfacciarsi della domanda e dell'offerta di beni e servizi. La produzione si orienta verso la domanda dei consumatori, i prezzi sono i più bassi e concorrenziali, i metodi produttivi sono quelli che garantiscono la più elevata produttività e *la mano invisibile* garantisce il miglior equilibrio tra interessi privati e collettivi.

Il ruolo dello Stato in questa visione liberista si riduce a tre fondamentali compiti: garantire la sicurezza interne ed esterna, difendere i cittadini dall'ingiustizia e dai soprusi, realizzare le infrastrutture e le opere pubbliche di interesse collettivo.

Queste convinzioni sono state messe in discussione e criticate in quanto non rispondenti alla realtà delle società industrializzate, dove le aziende operano in regime di oligopolio e di monopolio. La complessità sempre crescente dell'organizzazione del *mercato* non può inoltre essere governata in assenza di un sistema di regole e di controlli che ne verifichi il funzionamento. Infine le crisi ricorrenti e lo sfruttamento del lavoro e del territorio contraddicono la convinzione che *la mano invisibile* garantisca il miglior equilibrio tra interessi privati e collettivi.

Le crisi cicliche del capitalismo

L'opera principale di John Maynard Keynes è la *Teoria generale dell'occupazione, dell'interesse e della moneta,* scritta nel 1936, nella quale è contenuta una critica serrata del *laissez faire.* La critica nasce dall'incapacità del sistema economico a superare la crisi del 1929 e la grande depressione che ne era seguita. La crisi aveva evidenziato che il mercato, in situazioni di forti speculazioni e di crollo, non era in grado di autoregolamentarsi in base alle leggi della domanda e dell'offerta. Se i tassi di interesse aumentavano, gli investimenti produttivi diventavano più onerosi e calavano. Durante la crisi degli anni 30 era risultato, con drammatica evidenza, che il sistema non era più in grado di mantenere il pieno impiego delle risorse produttive, con conseguente aumento record della disoccupazione. Di fronte a queste difficoltà Keynes ha argomentato che, per superare le crisi cicliche del sistema capitalistico, è fondamentale l'intervento dello Stato, con investimenti diretti nelle infrastrutture (strade, ferrovie, porti, aereoporti, aree industriali), nell'edilizia scolastica e ospedaliera, nella ricerca e nell'innovazione.

Il sistema finanziario globale stava abbandonando la regola della copertura aurea per l'emissione di moneta. Da qui la possibilità, condivisa da Keynes, di creare carta moneta senza copertura aurea per finanziare gli investimenti pubblici. La teoria keynesiana afferma che non si sviluppa il processo inflazionistico fino a quando non viene superato il punto di pieno impiego.

Una degenerazione della teoria keynesiana consiste nell'ampliare la base monetaria per finanziare le spese pubbliche correnti, come avviene in Italia dove oltre il 50 per cento del PIL viene utilizzato per finanziare le spesa pubblica corrente, mentre solo il 3 per cento è utilizzato per gli investimenti pubblici.

La teoria è utile per un'uscita veloce dalla crisi, come è stato dimostrato dalla sua applicazione nel *new deal* del presidente americano Roosevelt, che muovendo la leva degli investimenti pubblici ha creato milioni di posti di lavoro.

La creazione di carta moneta senza copertura ha subito negli anni un'accelerazione esponenziale, portando il deficit di grandi nazioni quali gli Stati Uniti, il Giappone e l'Italia a superare l'ammontare della ricchezza prodotta in un anno.

Questi debiti ormai gravano come macigni sulle spalle dei cittadini di questi Stati, che continuano a vivere al di sopra delle loro possibilità. La contraddizione maggiore è insita nella distribuzione della ricchezza, perché a fronte di una piccola percentuale di privilegiati, la massa vive in una situazione sempre più precaria e prossima alla povertà. L'economia insegna che ad ogni debito corrisponde un credito. È utile domandarsi chi sono i creditori e come muovono i pezzi sulla scacchiera dell'economia globale. Nel mercato globale circolano oltre 12000 miliardi di euro gestiti dal sistema bancario *ombra,* pronti a muoversi dove la speculazione e il guadagno facile puntano lo sguardo rapace. Una massa di soldi fuori da ogni controllo, contro la quale anche le banche centrali hanno difficoltà a gareggiare.

Guai se si entra nella spirale del declassamento del debito, perché rifinanziare i debiti in scadenza diventa sempre più oneroso fino a giungere al limite del fallimento.

Mentre gli Stati Uniti si sono più volte salvati scaricando i debiti sulle altre Nazioni, grazie al fatto che il dollaro è la moneta di riferimento per gli scambi internazionali, agli altri paesi che finiscono nel mirino della speculazione non restano che due strade: il fallimento o una serie di manovre *lacrime e sangue.*

Le teorie di Keynes innovative ed anticonvenzionali sono state lungamente osteggiate tanto che lui stesso si definì: *Una Cassandra che non è mai riuscita ad influire in tempo sul corso degli eventi.* A lungo osteggiato dall'ortodossia liberista e dal conformismo accademico si sfogò amaramente: *La saggezza del mondo insegna che è cosa migliore per la reputazione fallire in modo convenzionale, anziché riuscire in modo anticonvenzionale.*

Il buon governo

Quanti italiani possono affermare di conoscere il pensiero di Luigi Einaudi, fulgido esempio di rettitudine morale e di *buon governo*?

Quante amare medicine sarebbero state risparmiate all'Italia se le sue *prediche inutili* fossero entrate a far parte del DNA di ciascuno di noi. Il suo esempio è emerso nel periodo buio del fascismo, con la denuncia dei mali della dittatura, ed è continuato, con sobrietà, saggezza ed equilibrio, durante la sua presidenza della Repubblica.

Per far risaltare l'attualità del suo pensiero mi lascio guidare da alcune frasi da lui scritte:

A che serve la libertà politica a chi dipende da altri per soddisfare ai bisogni elementari della vita? Fa d'uopo dare all'uomo la sicurezza della vita materiale, dargli la libertà dal bisogno, perché egli sia veramente libero nella vita civile e politica. Perché egli si senta davvero uguale agli altri uomini e libero dall'obbligo di ubbidire ad essi nella scelta dei governanti, nella manifestazione del pensiero e delle credenze. La libertà economica è la condizione necessaria della libertà politica. (Dal Corriere della Sera, aprile 1948).

Perché dovrebbe essere un ideale pensare ed agire nello stesso modo? ... Perché una sola opinione politica o sociale o spirituale e non infinite opinioni? Il bello, il perfetto, non è l'uniformità, ma la varietà e il contrasto. ... Un'idea, un modo di vita che tutti accolgono, non vale più nulla. L'idea nasce dal contrasto. Se nessuno vi dice che avete torto, voi non sapete più di possedere la verità. (Da *Il buon governo*).

Da buon piemontese Einaudi aveva un solido legame con la terra ed amava l'agricoltura e la viticoltura. Il centro della sua esistenza era la famiglia, anche se i molteplici impegni lo tenevano spesso lontano dalla sua terra. Il suo credo liberale era basato sulla semplicità e sulla concretezza, lontano da ogni dogmatismo ideologico. Era convinto che il liberalismo sia *metodo di libertà*, solo attraverso il dialogo e la critica costruttiva si può sviluppare una società aperta e democratica.

Era un nemico acerrimo dei monopoli e degli oligopoli, capaci di alterare e distorcere la libera e leale concorrenza economica. Senza l'attività vigile e attenta dello Stato, la libertà economica diverrebbe arbitrio e sopruso del più forte, attento non al bene collettivo ma al personale tornaconto. Da qui anche la sua visione della politica come servizio alla collettività, come ricerca delle condizioni e delle regole per promuovere il benessere collettivo.

Einaudi, che aveva vissuto l'orrore di due guerre mondiali, era un convinto europeista; all'ideale europeo dedicava costante impegno ed attenzione.

Era un grande economista e conosceva ogni dettaglio delle finanze pubbliche italiane che contribuì a far rifiorire dalle macerie lasciate dalla guerra. Amministrava con oculatezza e parsimonia, eliminando sprechi ed ingiustizie. Il suo stile era semplice e parco.

Propugnò provvedimenti e leggi a vantaggio dell'equità economica e fiscale: tassazione progressiva sui redditi, tasse di successione sulle grandi eredità, assicurazioni sugli infortuni, assegni familiari per i figli, servizi pubblici fruibili da tutta la popolazione. Era favorevole all'intervento dello Stato in economia per far rispettare regole di base uguali per tutti e per garantire le infrastrutture ed i servizi sanitari e sociali a vantaggio del benessere collettivo. Affermava che lo Stato di diritto è tale perché vi è *l'impero della legge.*

Dopo l'incarico di governatore della banca d'Italia, fu eletto presidente della Repubblica nel 1948. Ebbe un ruolo determinante nella ricostruzione e nella pacificazione nazionale. Anche i politici degli altri schieramenti gli hanno sempre riconosciuto l'assoluta fedeltà agli ideali di libertà e di democrazia. È stato un fedele ed illuminato servitore dello Stato, esempio di virtù civiche ed umane. Al suo esempio vorremmo si ispirassero i politici che oggi hanno in mano il destino dell'Italia.

L'uomo a una dimensione

L'attuale condizione dell'uomo, tipica della società moderna, induce all'alienazione e rende difficile sviluppare le capacità creative, innovative, spirituali e sociali. Tutto ciò a causa di una realtà focalizzata sull'omologazione e sulla ricerca del consenso. Spesso il potere politico ed economico è accentrato nelle mani di *elites* autorefenziali, che impongono le loro scelte a tutta la comunità.

L'alienazione dell'individuo, dalle sue radici più autentiche, opera attraverso varie modalità: la monotonia e la ripetitività della catena di montaggio, l'espulsione dal mondo del lavoro che fa sentire inutili e sorpassati, lo sfruttamento del lavoro minorile che toglie ai bambini l'età dei giochi, la discriminazione sessuale e razziale.

La grande illusione della società moderna è quella di credere giusta l'emarginazione di una larga parte della popolazione, a favore di un consumismo sempre più di nicchia e sempre più orientato verso *bisogni* superflui e fittizi.

Gli esclusi, prima lontani, ghettizzati nel *terzo mondo* e nelle *bidonville,* ora sono in mezzo a noi e l'incubo è che domani possa toccare proprio alle nostre famiglie sperimentare il significato dell'indigenza.

La ghettizzazione riguarda tutti: chi vive isolato nel suo guscio dorato, chiuso nel suo egoismo, e chi vive ai margini della società senza diritti e senza opportunità.

Queste contraddizioni delle società contemporanee sono messe in luce da Herbert Marcuse nel libro *"L'uomo a una dimensione".*

La via di uscita non può che essere quella del riappropriarsi degli strumenti di reale democrazia partecipativa: il diritto allo studio, la possibilità di confronto e dibattito politico, il ripristino del sistema dei *pesi e contrappesi,* la riscoperta dei valori dell'onestà, dello spirito di servizio e della competenza.

In campo economico è necessario sottoporre a severi controlli le attività speculative, che non sono rivolte al benessere collettivo ma solo al profitto immediato. Chi governa ha il dovere di tutelare l'operosità e l'imprenditorialità, intese come continuo sforzo per rendere la vita dell'uomo più confortevole e per far progredire la scienza e la tecnica. È importante offrire ad ogni uomo le chiavi che aiutano a capire e a risvegliare i suoi talenti, affinché possa utilizzarli al meglio e valorizzarli a favore di se stesso e della comunità in cui opera.

L'uomo non può essere ridotto alla sola dimensione economica, quasi un robot inserito in un meccanismo che stritola ogni tentativo di far emergere la sua creatività.

Una società che ricerca il benessere e la libertà deve abbracciare tutte le dimensioni dell'uomo: creativa, economica, spirituale e sociale. Aiutarne la crescita significa proiettarsi verso traguardi che, partendo dalle radici, valorizzino a 360 gradi l'incredibile capacità di progresso dell'umanità.

Guai se lasciassimo nelle mani di pochi grandi centri di potere la possibilità di decidere del nostro futuro. Si materializzerebbero i più foschi scenari immaginati dagli autori e registi di fantascienza: da *1984* e *La fattoria degli animali* di George Orwell, a *Blade Runner* di Ridley Scott, da *The Island* di Michael Bay a *Fahrenheit 451* di Ray Bradbury.

Scriveva Marcuse ne *L'uomo a una dimensione:* *"Razionale è l'immaginazione che può diventare l'a priori della ricostruzione e del riorientamento dell'apparato produttivo, in vista di un'esistenza pacifica, di una vita senza paura. E questa non può mai essere l'immaginazione di coloro che sono posseduti dalle immagini di dominio e di morte."*

L'economia solidale

Muhammad Yunus ha fondato nel 1976 la Grameen Bank, la *banca del villaggio,* con lo scopo di concedere micro crediti per far decollare le iniziative economiche della parte più povera della popolazione indiana. Alle difficoltà tradizionali negli anni 70 si aggiunsero devastanti inondazioni e terribili carestie. Di fronte a tanta miseria il professor Yunus pensò che fosse meglio concedere piccoli prestiti finalizzati ad avviare attività produttive piuttosto che elargire elemosine. Sviluppando le teorie propugnate dall'economista indiano Amartya Kumar Sen, insignito del premio Nobel per l'economia nel 1998, si convinse che la povertà non fosse dovuta alla pigrizia delle persone, ma al fatto che le strutture finanziarie escludessero dalla possibilità di finanziarsi una così gran parte della popolazione. Decise così di dedicarsi all'attività creditizia, in un primo momento in modo informale prestando piccole somme di denaro a gruppi solidali appartenenti allo stesso villaggio e in seguito di fondare la banca Grameen. Le motivazioni del premio Nobel per la pace, che gli è stato assegnato nel 2006, sono rintracciabili nel suo pensiero: *La pace duratura non può essere ottenuta a meno che larghe fasce della popolazione non trovino modi per uscire dalla povertà.*

Dal continente indiano la formula del microcredito si è diffusa a macchia d'olio ed oggi è praticata in oltre 100 nazioni, e la formula *funziona come un orologio svizzero*. Dalle attività della banca è bandita ogni forma di pubblicità, il successo dell'iniziativa si fonda sulla fiducia e quindi sul contatto personale. È un approccio totalmente nuovo che dà fiducia alle parti più indigenti della popolazione, e che basandosi sulla lealtà e sull'onestà presenta tassi di sofferenza nettamente inferiori a quelli dei normali circuiti bancari. Il progetto di Banca Grameen è nato nel villaggio di Jobra, nel Bangladesh, nel 1976. Nel 1983 è stata trasformata in una banca specializzata nel microcredito, di proprietà per il 95 per conto dei clienti stessi, in larga misura donne. Il rimanente 5 per cento è di proprietà del governo del Bangladesh. La banca non richiede garanzie di alcun tipo, non richiede contratti formali da firmare e non cita in tribunale i clienti che non restituiscono i prestiti. L'unica condizione per ottenere il prestito è che i richiedenti formino un gruppo di almeno cinque persone che si impegnano in solido a restituire quanto ricevuto. Il 98 per cento dei prestiti, concessi ai poveri, viene restituito. Tutti i prestiti erogati sono presi dai capitali della banca, alimentati dai versamenti dei soci. Dal 1995 la banca non accetta più nemmeno donazioni. Nel 2010 la banca Grameen ha avuto profitti per 10 milioni di dollari. Ecco la lettera che Muhammad Yunus ha scritto nel maggio 2011, all'atto della sua uscita dalla banca: *Stimati proprietari e onorati membri di Grameen Bank, trentacinque anni fa, non sapevo che avrei fondato una banca, e che l'avrei indirizzata ad aiutare la povera gente, specialmente le donne delle zone rurali. Come molti altri insegnanti, ero impegnato ad insegnare ai miei allievi, lontano dalla realtà del territorio. Ma il villaggio di Jobra ha indirizzato il mio futuro in una direzione completamente diversa. ... Nel 2006, è giunta una delle più grandi notizie delle vostre vite. Grameen Bank, in altre parole Voi, avete vinto il Premio Nobel per la Pace. ... Non dovrete mai più piegare il vostro capo; potrete camminare a testa alta, fieri di voi stessi. ... Voi siete i proprietari della banca. ... Se sarete capaci di proteggere questa banca, allora i vostri figli e discendenti potranno beneficiare della sua solidità. Proteggere questa Banca è vitale per il loro futuro.*

Il successo della banca è stato legato alla forza di volontà dei suoi membri, che si sono dati come regola numero uno: *Disciplina, Unità, Coraggio e Duro Lavoro.*

L'economia solidale è possibile, è realizzabile ed esportabile. Un esempio che dà speranza ai poveri e agli sfruttati di tutto il mondo. Per realizzarne i principi basta allontanarsi dalle diffidenze e dall'odio e sfidare a testa alta i vecchi e nuovi sfruttatori avidi di soldi.

Conclusioni

L'approdo dopo una lunga navigazione nelle acque tempestose dell'attività economica, permette un momento di pausa, un ringraziamento per essere riusciti a portare a termine il viaggio e il voltarsi indietro a ripensare quanto è successo durante la navigazione. Abbiamo attraversato insieme la storia millenaria del mercato e del denaro; abbiamo scoperto quali centri di potere gestiscono la ricchezza, come agiscono le multinazionali e i *guru* della finanza; abbiamo parlato della rivoluzione tecnologica e delle sue ricadute sulla vita di tutti noi.

L'approdo porta alcune riflessioni e considerazioni. Mi sono servito abbondantemente di numeri e di statistiche, per dare rigore alla ricerca, sempre preoccupato di non annoiare troppo il lettore. Ho parlato di truffe e di inganni, non per condannare o mettere alla gogna, ma per mettere in guardia il cittadino che consuma, risparmia e investe. Ho cercato di indicare delle vie di uscita dalla crisi che ci ha investiti e ci minaccia, senza presunzione di ricette miracolose, ma seguendo le indicazioni di economisti e uomini di Stato saggi, preparati e al servizio della collettività. È proprio lo spirito di servizio degli uomini di potere, una delle chiavi per il cambiamento ed il ritorno a un economia più giusta e orientata al benessere collettivo. Le altre chiavi che schiudono le porte ad una società realmente aperta e proiettata verso il futuro sono il volontariato, l'accoglienza, la cooperazione, l'alta qualità dei servizi sociali, l'incoraggiamento dell'imprenditoria e della creatività, le politiche di sostegno delle famiglia e della natalità, la centralità della ricerca, della scuola e della formazione professionale.

Lo scopo di questo lavoro è dare alcune chiavi di lettura che permettano di capire e di muoversi meglio nel mercato globale. Ma è soprattutto un'indicazione che nessuna tempesta, per quanto grande, dura in eterno e che solo chi mantiene saldo il timone verso l'equità e la giustizia sociale riesce ad uscire più forte e più consapevole dai vortici. La smania di potere, di conquista e di possesso conducono l'uomo verso un baratro pericoloso. Quando tutto appare perso e sembra che sia inevitabile scivolare verso il fondo risaltano le forze migliori della società, uomini e donne che non si piegano e mostrano con coraggio la rotta da percorrere. È a loro, imprenditori, lavoratori, cittadini impegnati nel sociale e nel volontariato, che si affidano le speranze e le attese delle nostre società profondamente lacerate e ferite da una tempesta che non accenna a placarsi.

Ancora poche righe e il viaggio che abbiamo intrapreso insieme sarà terminato, non resta che invitare ognuno di noi a rinserrare le fila e a lottare per riappropriarsi degli strumenti democratici che garantiscono un governo della cosa pubblica onesto e trasparente. Per ridare slancio e competitività all'economia è necessario ricreare comunità non più disposte a concedere deleghe al buio, ma attente e determinate a esercitare il diritto-dovere di voto e di controllo. Le fondamenta stesse della civiltà contemporanea sono minate da evasione e frodi fiscali, dalla concentrazione esasperata della ricchezza nelle mani di pochi, dallo sfruttamento del lavoro e della natura, dai privilegi e dal clientelismo delle classi politiche, dalla ricerca del guadagno facile attraverso la speculazione e il trading esasperato. Un mondo capovolto che non guarda più alla ricchezza interiore di una persona, ma solamente alle sue ricchezze materiali. Un mondo da rivoltare, per ridare valore alle spinte più nobili che vengono dall'animo umano: la libertà, la democrazia, l'armonia, il rispetto e, sopra ogni altro valore, l'amore per se stessi, per gli altri, per la Terra che ci ospita. Solo riscoprendo e vivendo questi valori universali, l'uomo potrà vincere le sfide e gli ostacoli che l'economia globale pone sul suo cammino.

Vi lascio con le parole scritte da Franz Kafka: *Un libro deve essere come una piccozza che rompe il mare di ghiaccio che è dentro di noi.* Questo auguro possa avvenire a me e ai miei lettori.

Sommario

Capitolo secondo

Le conseguenze sull'uomo
di un mondo che cambia a velocità esponenziale

Capitolo terzo

In principio c'era il baratto, poi l'uomo inventò il denaro

Capitolo quarto

La distribuzione della ricchezza tra gli Stati

Capitolo quinto

Il potere economico delle multinazionali

Capitolo sesto

La rivoluzione tecnologica: lavoro, servizi, professioni

Capitolo settimo

**La centralità del sistema dei valori e delle virtù
civiche nel pensiero dei grandi economisti**

Conclusioni, bibliografia e sommario

Bibliografia:

Andreoli Vittorino   Il denaro in testa
                              Rizzoli, 2011

Bauman Zygmunt   Vite che non potevamo permetterci
                              Laterza, 2011

Donkin Richard   Il futuro del lavoro   Gruppo
                              24ore, 2011

Einaudi Luigi   Le prediche inutili   Einaudi

Einaudi Luigi   Lezioni di politica sociale   Einaudi

Einaudi Luigi   Il buongoverno   Laterza

Galbraith John K.   L'economia della truffa   BUR
                              Rizzoli, 2009

Galbraith John K.   Il grande crollo   BUR
                              Rizzoli, 2003

Galbraith John K.   Soldi. Da dove vengono dove vanno
                              Rizzoli, 1997

Keynes J. M.   La riforma monetaria
                              Feltrinelli, 1978

Keynes J.M. Teoria generale dell'occupazione, UTET, 2006
dell'interesse e della moneta

Armando Massarenti Il filosofo tascabile   Guanda, 2009

Klein Naomi   Shock economy   Rizzoli, 2007

Herbert Marcuse   L'uomo a una dimensione   Einaudi, 1967

Moro Beniamino,   Sviluppo economico ed occupazione, F. Angeli, 1998

Rifkin Jeremy   La fine del lavoro   Oscar best llers,

Meadows e Randers I nuovi limiti dello sviluppo   Oscar
saggi, Mondadori, 2006

Amartya Kumar Sen Utilitarismo ed oltre (con B. Williams),
Net, 2002

Amartya Kumar Sen Lo sviluppo è libertà
Mondadori, 2000

Adam Smith   La ricchezza delle nazioni   Utet,
1975

Stiglitz Joseph   Bancarotta
Einaudi, 2010

Xiaobo Liu   Monologhi del giorno del giudizio
Mondadori, 2011

Documenti e rapporti

Rapporto SVIMEZ 2011 sull'*Economia del mezzogiorno*

Rapporto dell'International Labour Office 2011: *Children in
hazardous work*

Ricerca di banca UBS del 2009 *Prix et salaires*

Ricerca dell'Ufficio Studi di Confcommercio del 2011 *Una
nota sul risparmio delle famiglie
italiane*

218

www.ingramcontent.com/pod-product-compliance
Lightning Source LLC
Chambersburg PA
CBHW072150290526
45794CB00004B/1471